JN408932

▷自·畵·像의 가면
자 화 상

자화상은 나 아닌 나를 참나眞我로 믿게 하는 고도의 메티에다

고착의 자유이동

산 강 시집 제4작품집

도서출판 천우

뭐 내세울 만한 게 없다

"먼 훗날 우주시대
밤하늘 한구석 어디
희미한 별자리 인근에서라도
명멸할 수가 있다면 다만 꿈일는지…"

그저 흔들릴 뿐이다

바이칼 호수를 다녀와서 넷째를 보다.
단기 4345년 또 새해를 맞으면서

고착의 자유이동

가령 그 흔한 나무 하나를 보자

아카시아는 평생을 한곳에서만 살고
솔도 제 땅에서만 지나새나 사는 것은
오월, 새하얀 꽃향기 너울과 진노란 송홧가루를
천지사방 어디든 날릴 수 있기 때문

장좌불와長坐不臥
그 속에 펼쳐지는 기나긴 만행

제1부

길에게 묻는다

제2부

성자의 손

제3부

격자창 가에 앉아

제4부

잘디잔 것이 경건하다

제5부

어디서 많이 본 듯한

제1부
길에게 묻는다

군청색 점묘법

청록 바탕 위에 터치된
무수한 군청색 점들
여름 막바지 바다에 펼쳐지는 점묘법
심해 밑바닥 수압에 견디다 못해
터져 오르는 기포들
돌너덜 달개비꽃 군락
조르주 쇠라의 손을 빌려
외진 곳 민초들이 그려내는
군청색의 대양세계

길에게 묻는다

일상에 묻혀 살 때는
그대 품안에 있음을 잊고 지냈다
밤낮의 기침起寢 속에 생사도 잊은 채
다람쥐 쳇바퀴 돌 듯 부유했거니

어느 날 막다른 골목 끝에서야
이윽고 그대를 돌아본다
곳곳 망가진 몸뚱이에 예제 헐어 터진 영혼에까지
참으로 무모한 배회 속에
죽—깔린 상처 부스러기들

차라리 그대를 껴안고 죽도록 뒹굴고 싶다
육로로 바다로 하늘로 은하로, 맘만 먹으면
이 세상 태초로부터 다가올 저 우주 끝간데까지
날줄 씨줄 베를 짜듯 엮을 수 있는 길들 중에
하필이면 애증의 날바닥 길을 헤매었는가
범속한 일상은 다 방황의 연속이어니
그대에게 엎드려 땅을 치며 통곡한다

어이하랴!

이제 다시 그대에게 감히 묻는다
이 부단한 심신의 유랑몽이 우리네 갈 길이런가
오늘도 꽃들은 피고 지고
바람은 빈 가슴에 파고드는데

봄 내음의 색감

잔잔한 봄비 밤새 내린 날
산 계곡에 푸르스름한 이내가 뜨다

연분홍 진달래가 흐드러져 엮은 터널
너설의 황개나리, 이우는 생강나무꽃
산녘은 일제히 연초록으로 차오르다

저녁 어스름, 돌아가는 솔밭길
달빛이 솔 그림자를 흔들며 어르다

산벚꽃마저 드러낸 허연 속살
백목련 꽃잎 널브러져 서글픈
할미꽃 무덤 옆을 휘휘 지나다

온통 옅게 펴오르는 색감 속으로
아련한 사연들이 빛화살처럼
잊혀진 날의 마이크로필름에서
꿈꾸듯 무시로 영사映寫되다

망년지교, 소년의 적성笛聲

휴대폰 앨범 속에 살고 있는 소년을 만난다
국외자의 서러움을 선짓빛 바지로 물들인 채
그는 인사 대신 무심히 피리만 불고 있을 뿐
별떨기들 하얗게 떨어지는 군청 하늘 아래
저잣거리 노천카페는 그 울림소리에 젖어
부딪치는 한 잔 또 한 잔의 술로 농익어 간다
풍진 사연 하고많은 여항인의 흥건한 절규는
바르비종의 들판, 저 끝 지평선에서 만종을 울리고
디에프 인근의 노을녘 절벽으로 울긋불긋 반향타가
지베르니의 정원, 수련빛 화음으로 찬란토록 자욱하다
마네, 고흐, 밀레, 모네를 서울 하늘 아래 공연시켜
희로애락의 인간 드라마를 펼쳐 보이는 피리 소리
식충들 틈바구니에서 울적하실 그대 달리트
차라리 세기 전 인상파들과 교유하고프면
오르세미술관을 아니 가도
당장 피리 부는 소년, 그녀석만 부르면 되지
자그만 휴대폰은 주머니 속에 흔히 있는 걸

뒤태

날이 갈수록
시나브로 배어오는

젓갈에 농익은
갓김치 내음새

요조한 듯
무료한 듯

곰삭은 돌게장을
고이 건네며

꼭 다시 오라고 한
나지막이 떨리던 목소리

오늘같이
단풍물이 하나둘 들면

아련히 돌아서던
그대 뒷모습

그립구나

정녕 눈물겹구나

진종일 안개

고대의 소도蘇塗
인당수 바닷속 용궁
쫓기는 지명수배자와 악취 나는 오폐수까지
스스럼없이 다 받아주는 곳
입춘절 진종일 거룩한 손이 뿌리는 성수
자비와 속죄의 세례

조금씩 물러나 멀어질수록
소도와 용궁은 어언 사라지고
뭍도 하늘도 온통 흐드러져 핀 안개꽃 세상뿐
무애로운 황홀, 황홀한 무애

어무이*

이 세상 다하는 날
마지막으로 불러보고 싶은 한마디 말
'어무이'

기쁘거나 슬프거나
아프거나 늙더라도
한결같이 부르고 싶은 이름
'어무이'

이 세상 맨 처음으로 부르기 시작했듯이
저 세상에 가서라도
다시 불러보고 싶을 보통 이름
'어무이'

어무이 ─ !

* 어무이 : '어머니'의 경북 지방 토속어.

서울 하늘 아래도 이무기가 웁니다

서울의 하늘 아래도 이무기가 웁니다
야밤까지 넘쳐흐르는 도로의 차량 소리
그 사이사이를 비집고 우~웡 우~웡 웁니다
서울이라는 인간 저수지
그 거대한 무망 속에 여태껏 살면서
비록 승천하지는 못했지만
제 낙처落處를 보듬고 지키는
이 땅 메트로폴리스의 숨은 전설이여
서울이란 큰 못에 떨어져서
그토록 구슬피 울고 우는데
우~웡 우~웡 그 울음소리
이제 혹 들리는 이 계시는가요
저 산골 벽촌도 갯마을도 아닌
서울의 하늘 아래 시방 이무기가 웁니다
우~웡 우~웡 그 울음소리
들리는 이 정녕 아니 계시나요

치아 CT 영상

앙상한 이빨
내 해골의 이빨
죽인 치아신경
삭아버린 이뿌리
금니 크라운까지
변설辯舌의 입술 속에 숨겨진 치부恥部
아, 그러고 보니
치장된 몸속 곳곳에 숨겨진
눌어붙은 삼독 찌꺼기들
한 세기도 살둥말둥한 보통 사람
미리 보는 저 사후의 모습
앙다문 아래윗니빨
그로테스크한 가면의 현생

하늘의 장례, 천장天葬

그들은 왔던 데로 돌아가되
빨리 돌아갈 줄을 안다
거기가 하늘 어드멜지라도

죽고 난 후 무정한 몸뚱어리에 매여
구천을 헤매던 수고도 거부한다
한순간 이승에 머물렀던 몸
토막 쳐진 고깃덩이에 불과한 것을

잔인하게 찢어발겨지는 살가죽
장도리로 깨부수는 두개골까지
천장사의 얼굴은 오히려 무덤덤하다

망자의 노래가 멀리 설산 아래
타르초의 떨리는 흐느낌 속으로 녹아들 때
하늘 가까운 고원, 드리궁틸 천장터에는
살점을 깨끗이 먹어 치우는 마지막 해결사
성호를 그으며 날던 영혼의 사도使徒새 독수리들이
무거운 집채를 접고 내려앉느니……

배고픔을 향한 육신의 한 점 아낌없는 보시

살다가 졸연히 인연을 끊어야 때가 있듯이
그들은 지름길을 찾아 바로 가는 법을 안다
— 이승에 남은 자들의 평안을 위하여
　미련 없이 빨리 돌아가는 것 —

삶과 죽음의 공존은 다만
그들의 수수한 일상사일 뿐인저

수덕여관

시퍼렇게 살아 있는 고암顧庵*이라 하였더니
이 신록의 산문에서 다시 만나뵙습니다
몇 해 전 덕수궁미술관에서 맞닥뜨린 군상들은
여기 덕숭총림 입구 너럭바위에 새긴 문자 추상에서
이미 밑그림으로 싹트고 있었지요
반세기도 훨씬 넘긴 그때 그 지난한 시절
이곳에서 라혜석과 교유했던 화단의 선각이여
당신은 벌~써 피안으로 가셨건만
동백림 사건 투옥으로 피폐해진 몸뚱이를 쉬어갔듯이
세인의 근심 걱정을 재우고 가는 여관으로 여태 남았구려
누가 알리요, 이 무심한 외로움 쪼가리를
그 후로도 홀로 세월자락을 기다리다 기다리다
그리움으로 져간 저 조강지처는 말이 없구나
시방도 적막한 마당 한켠 우물물에는
비바람에 부서진 바위 추상의 지스러기들만이 떠도는구나
방장스님의 선풍이 온통 신록을 적시누나

* 시퍼렇게 살아 있는 고암顧庵 : 졸저 시조집 『삼라만상』 75면에 수록된 시조 작품의 제목.

만년설의 원형

고도 일만 미터 상공 아래에서 꿈틀대는
해거름 흰 구름산맥은 빙하기 만년설의 본래 모습
에베레스트 14좌의 흰 고봉들을 오르지 않아도
명암이 선명한 흰 구름고봉을 보면 금방 그 속성을 안다
사실보다 더 사실 같은 모습, 장엄한 가면이여
운해의 잔잔한 파도 위로 떠 있는 구름섬 군락
치솟은 구름산맥, 절애의 계곡들
우리는 구름산맥의 희디흰 빛깔의 속성을 알았기 때문에
저 빙하기 만년설이 녹아내려도 서운해 하지 말아야 한다
석양과 함께 사라지는 운해와
어둠 속으로 사라지는 구름파도와
구름섬과 구름산맥이 사라지는 것을 보고
만년설도, 저 아래 지중해의 파도도
늘 동고동락하며 쏘다니는 우리의 일상도
언젠가 사라지고 말 것이라는 것을
서운해 하지 말아야 한다

갯배

쇠줄 한 가닥에 의지하여 역사를 나르는구나.

북진 귀향의 꿈은 두어 세대를 넘기면서 낡은 갑판에 절여둔 채 오늘도 청초호 바다는 또 그렇게 외지 여객의 역마살을 싣는다. 사위어버린 저 피난길의 모래벌판 현장은 교대로 쇠줄을 끌어당기는 두 아바이의 거친 손등에 새겨두고, 섬과 뭍을 이어주는 요만큼 거리의 기나긴 항해는 휴전선의 DMZ를 사이한 남과 북의 통금 장막을 여태 때린다. 이물과 고물이 양안에 닿는 횟수가 줄어들수록 밤의 적막 속으로 잠기는 아바이마을 : 오징어순대, 물곰탕, 도치알탕의 간판만이 외로운데, 아바이순대를 안주로 곁들여 따라 마시는 누런 양은그릇에 넘치는 옥수수탁배기, 그 서너 잔에 얼큰히 취하는 건 월남 2세대 어무이가 거드는 수더분한 입담 때문. 깊어가는 실향의 야밤은 200원짜리의 삯을 치르고 타는 막배로 막을 내린다. 갯가 엳은 파도 소리에 여울지는 함경도여! 한 가닥 쇠줄로 오가는 갯배는 이 밤도 낼 다시 만날 것을 기약하면서 오늘 하루사를 막바지로 실을 뿐이다.

제2부
성자의 손

성자의 손

산소를 개장할 때 묘토를 파는 풍수의 삽질에는 새벽빛이 묻어든다 홍대를 걷어내고 오래된 음택에서 수습되는 유골에는 흙 군둥내가 배어 있다 주검을 닦고 수의를 입히는 염사殮師의 매조지에는 아가페 향기가 그득하다 천 도 고로에서 태워져 나온 한 줌의 몸 잔해를 분골하여 함에 쓸어 담는 비질에는 허무가 죄 부스러져 내린다 산골묘원에서 두 유골함을 봉안당에 함께 안치하는 묘지기의 손길에는 석양빛이 감싼다 거칠고 거무스레한 그들의 손길이 닿는 데마다 새벽부터 저녁까지 빛들이 먼저 와 기다리고 있다 빛에 휩싸여 이생을 마무리 짓는 미다스의 손은 경건하고 존엄하다

그 손의 주인은 다 시골성자의 보통 얼굴이다

창밖의 빗소리

저건 우주 어디에선가 들려오는 복음
밤새 두메산골에 쌓이는 민담
자궁 속에서 듣던 모성의 심박동
어언 쑥쑥 자라난 수숫대

저건 태초에 터진 빅뱅의 여음
아련히 들려오는 경이로움
알 수 없는 환희
편안한 잠

춘설의 몸짓

단 한순간만이라도 전라의 몸씻김
경이롭고 황홀하여라
엊저녁 난분분 난분분할 때
허수수 달뜨던 무심통
밤새 탄생된 새하얀 적요세상
영원으로 깔려오는 소리 없는 배경음
늦게 발동 걸린 가이아의 맨몸 춤사위
휘감겨 감기어서 무르익던 그 찰나
단방치기 한 장면

묵화

세상에 누가
저토록 눈부신 묵화를 치는가

새하얀 한지 위에
손 없는 붓이 제 절로 휘휘 떨구는
까만 먹물의 군무群舞

온 산꼭대기 눈밭 위를
낙화처럼 노니는 까마귀들

서울로 온 불청객, 까막딱따구리

색바람 살랑대는 초가을 아침나절
순결한 신성 지대가 터전인 까막딱따구리 한 마리
상계동 온수근린공원 자생 수목 지역에 출현
천연기념물 제242호 몸길이 약 45.5㎝
설악산, 광릉 등지에 보금자리를 틀고 있는 희귀새
속리산 법주사 부근에서 처음으로 두 쌍이 발견되었다고
1991년 5월 12일 한국일보가 특종으로 보도하던 새
이마에서 뒷머리까지 새빨간 댕기를 두르고
부리와 눈자위와 발톱을 빼고는 온통 숯검댕인 몸체
시시비비가 넘쳐나는 세상사, 차라리 까맣게 살고 싶다
잿빛 안개구름은 스산하게 하늘을 덮는다
저 삼남 고향 동산에 마주 울리던 딱따닥 딱따닥 그 추억 소리
사람 사는 이 도시에까지 어이 홀로 흘러와서
밤나무 둥치 썩은 옹이 속을 쪼느니, 맥없는 울림이여
산골 청랑한 숲 속마저 난개발로 쫓겨나는 21세기의 새들
여기도 이마적부터 정보도서관을 짓는답시고 무너져 내리니
함께 노닐던 사람의 새, 김광섭의 비둘기는 이미 사라진 지 오래
익명으로 돌아가는 이즘 세태, 정든 땅이라고 오랜만에 찾아와
서성이는 한 홀아비의 어깨가 축 처져 있다
실없이 비끼는, 숲정이 높이 이파리 사이로의 희미한 빛살들

생명의 바이칼, 리스트비얀카

바이칼은 지구별의 심장이 뿜어올리는 혈류
타이가 숲과 툰드라의 바람을 타고 어언 짙푸르구나
자작의 하얀 영혼이 호수의 윤슬로 반짝이누나
살아 퍼덕이는 물비늘들, 숨 쉬는 소리
생명이다, 재생이다, 꿈이다
우리가 이승에 태어날 적 머물렀던 어머니
그 어머니가 간직한 자궁의 양수다
이제 우리 시원으로 돌아가자
다시 출발이다
이 풍진 세상, 오욕칠정을 다 씻어내자
싱싱하고 파아란 바이칼의 물로 고단한 몸을 세례하자
지구별의 심장에서 뿜어올리는 혈류여, 드맑은 생명수여
허기 지쳐 타는 목마름을 확 적셔주는 으뜸 단물
속 시원하여라, 벌컥벌컥 들이켜고픈 이 땅의 종가 샘물
어제도 오늘도 솟구치고 하제에도 솟아날 우물물, 찾아가자
우리네 인생, 저잣거리 삶이 다다라얄 종착지
그 도원경, 샹그릴라를 찾아가자
우리 모두 시원으로 돌아가자
돌아가서 다시 출발하자
들꽃이 지천으로 피는 호반, 어디 한잔 술이 없을쏘냐

보드카 한 모금에 오믈 안주에 동시베리아의 추위야 아서라
뱃고물 뒤파도에 펼쳐지는 네르카 떼의 군무가 장관이다
바이칼은 지구별의 심장이 뿜어올리는 혈류
타이가 숲과 툰드라의 바람을 타고 어언 짙푸르구나
자작의 하얀 영혼이 호수의 윤슬로 반짝이누나
안가라 강과 이르쿠트 강, 예니세이 강을 거쳐 북극해로
지구별의 정수리, 백회혈로 돌고 돌아 가고 오느니
바이칼, 바이칼이여! 생명의 바이칼이여
리스트비얀카! 리스트비얀카!
영원하라, 부디 구원하여라

녹우綠雨

봄 가뭄이 타들어 갈 때
건조한 산야를 적시는 비는
엄마의 젖맛보다 더 징하다

가장 목마를 때
마시는 한 모금의 물은
벌통의 꿀맛보다 더 달다

영혼이 메마를 때
내리는 축원의 기도 소리는
침사의 자침보다 더 짜릿하다

물까마귀

없다
차겁다
드맑은 물속 치어 떼의 미동

진통의 폭포수 낙하 소리에 터지는 물거품꽃
매 찰나 피고 지는 순백의 꽃이파리들, 화려! 화려!

그 무수한 생멸을 벗삼아
홀로 유영하는 물까마귀

앙상한 계곡
늦가을
두메

지하철 서점 계단에서 잠시

종각역 지하철 서점 입구, 폭이 긴 계단
오가는 이들과 진열된 책들
크리스마스트리 아래 각양의 연하카드들
세모에 되살려 보는 지난날의 아슴아슴한 속내
그 깊은 고황에 맺혀 있는 그리움 딱지
촉 굵은 만연필로 써 보내는 안부 한 줄
어느새 잃어버린 여유
모바일 즉통 시대의 슬픈 일지

큰 바다는 벙어리다

큰 바다는 벙어리다
너무 많은 풍랑과 난파를 겪었기 때문이다
너무 많은 파도 소리와 아우성을 들었기 때문이다
말로써 다 할 수가 없다

큰 바다는 벙어리다
입이 너무 커서 무엇이든 죄다 삼킬 수 있다
너무 크기에 그 삼키는 입을 볼 수가 없다
말로써 다 할 수가 없다

까치집

그저 훌훌 떠나고 싶어도
그러지 못하고 주저앉는 경우는
우리 얼마나 많은가

소금간에 절고 절인 돔배기살 맛을 못 잊듯이
짚풀 더미에 곰삭힌 홍어회 내음에 코 쏘이듯
까치는 대개 마을 가까이에 둥지를 틀고서
저 깊은 산 멧새들이 열창을 해도
사람의 자릿내에 취하여 떠나지 못하느니
금수들의 낙원은
다만 아득한 적막강산일 뿐…

은퇴한 실버세대가 사는 집

까치집

마찰의 묘용

마찰은
인생의 모습을 재는 계수

마찰은 적고 작아질수록
더 평화스러운 것
마치 피아간 총포 소리가 적고 작아질수록
종전終戰에 더 가까워지듯이

적고 작아질지라도 혹여
마찰계수가 제로에 가까우면
외려 더 위험할 수도 있는 것
태풍 전야의 괴괴한 고요처럼
마치 대지진 때
지층 속 나노입자의 마찰계수가 제로가 되면
지각변동이 더 엄청나듯이

때로는 마찰이 크고 많아질수록
더 행복스럽기도 한 것
마치 길 가다 만난 사람마다
프리허그를 자주 하면 할수록
세상이 더 따뜻하여지듯이

마찰은
우리가 항시 유념하면서 배려해야 할
노회한 인생사 계수

산강마을을 찾아서

머나먼 三南, 산세가 곰살갑고 논도랑이 실개울로 이어져 흙과 물이 어우러진 곳, 무논에 모판이 파랗게 살랑대고 막 모종한 강냉이 고추애순이 비닐 밭이랑을 일구는데 외백로 홀로 거닐다가 혹 고즈넉이 먼데를 보는 곳, 녹슨 단선철길 건널목의 신호단추가 고장 난 채 짐짓 앨범 한 컷으로 남기고 후박나무 감나무의 큰 잎사귀 그늘 아래 오랫동안 청홍색 슬레이트 지붕들이 꿈결에 잠기는 곳, 뒷단장 대숲 바람의 훈기에 취해 찔레꽃이 몽롱토록 새하얗고 불두화 줄장미꽃이 온통 담장을 뒤덮는 곳, 재 넘어 저수지엔 연밥들이 절 낚으라 손짓하고 마을회관 대청마루에서 할매들 네댓 분이 부채질하며 넉넉히 반기는 곳, 가자 가자 찾아가자, 산강마을로 가자, 산강교를 건너서 논틀밭틀을 따라 가을 단풍을 거쳐 겨울 눈밭을 밟으며 가자, 머나먼 삼남 어디에로, 살아생전 찾아보자, 그 노인장을 뵈러 가자

길손 : 산강마을이 어디이오리까?
노인장 : 여기가 바로 산강마을이오!

제3부

격자창 가에 앉아

고물

차라리 한 조각의 고물이 되리라
버려져 발길에 채는 쇳조각에 불과할지라도

차라리 한 장의 폐지가 되리라
아무도 거들떠보지 않는 지스러기에 불과할지라도

보아라
기왓골처럼 주름진 꼬부랑 할머니, 할아버지
리어카에 가득 실어 오고 있다

막바지 몸부림이 목숨줄을 이어가듯
이승에 남은 보일 듯 말 듯 희미한 촛불 하나

꺼버릴 수 없다
위험한 차선을 넘어오는 최후의 노병들

이제 아는가
저 도솔천의 저승새가 아무리 오라 울어도
여기 그대로 한 조각 고물이 되리란 걸

애-오월, 손짓할 때야 오는

가던 길손을 절로 멈춰 서게 하는 이는 누구인가
잠시 잠깐만이라도 여독을 잊고
눈부신 황홀에 젖게 하는

바람 없는 바람에 뜬금없이 풍겨오는
아침나절 바위너설 어디 산더덕 향그르르한 내음새

남해 마실 동산마다 가슴 서늘토록 물오르는
난분분 여우비에 외려 연황록 감나무 화사한 이파리들

둔덕 길섶 잡초더미 틈새에서 무더기로 쏟아지는
봄 색깔의 대미 그 차갑도록 희디흰 개당귀꽃 숭어리

제 모두가 일제히 손짓할 때야 결단코 오는
그는 섬 속의 애-오월

하직

산을 내려가는 밤 솔밭길이 자못 엄숙하다
양쪽에 도열해 있는 솔 둥치들은 검정 상장을 둘렀다
풀벌레 소리도 뚝 멎어버린 이저승의 중간지대
먼 골에서 쏙독새의 초혼가만 단소 가락처럼 끊어지고
배낭에는 고추 한 움큼, 깻잎과 호박잎 한 줌만 들어 있다
이것도 족하다 하지만 아직 무겁다
수시로 하산하면서, 무시로 엘리베이터를 타고 내리면서
그때마다 그 순간을 하직하며 살아가는 식충들
모른 체한다고 모두 용납되는 것은 아니다
훨씬 더 가벼워져야 한다
매양 들락거리는 죽살이의 경계지대
누군가와 헤어질 적마다 엄숙한 하직을 생각해야 한다
다 주거라, 한 생각도 남김없이 버리어라
더 이상 가벼움도 느낄 수 없어야 한다

만설滿雪

누가
이렇게 조건 없이
모든 것을 용서해본 적이 있는가

희디흰 보혈송이로
온 세상을 뜨겁게 덮어주는
만설의 품사위같이

용암 강물

— 2008년 에콰도르 세로아술 화산

어느 날 콧속 실핏줄이 터져
흘러내리는 새빨간 코피처럼
화산에서 분출된 가이아의 뜨거운 피가
지구 몸의 살갗을 타고
강물처럼 흐르네요

어지간한 출혈은
어느덧 저절로 응고되듯이
저 뻗쳐 흐르는 용암 강물도
지나면 거멓게 굳어지겠지요

그래도 마음을 너무 아프게 하면
대동맥마저 터져 심장이 멎어버리듯
자연을 무지막지스레 건드리면
맨틀이 일제히 마그마로 폭발하여
외핵 내핵마저 붕괴되지 않을까요

그러면 뜨겁디뜨거운 선혈의 강물을
더 이상 볼 수 없겠지요

백두산, 그 푸르디푸른 천지연도
영영 볼 수 없겠지요

동학사 신록

동학사 계곡 들어서니
비구니 스님 민머리에
맑은 바람이 비낍니다
풍개나무 말채나무 모두
초록터널에 몸을 엽니다
야심토록 마시는 정담
벗과 나눈 토속막걸리는
골 물소리에 씻겨납니다
일주문 밖 황사는
감히 범접할 수가 없습니다
밤이 깊을수록
이 청정한 파랑 천지에
오월 황사란 간데없습니다
연록빛 화엄세계가
시방 가득 오묘합니다

화려한 고독

고독을 느낄 수 있다면
고독하지 않다는 것
정녕 고독에 잠긴다면
고독 그 자체를 잊어버리는 경지
눈물도 절로 흐르고
새들도 곁에 와 울고
우는 듯 웃는 듯 그냥 그대로
속절없이 얼어버린 빙하기
겹쌓인 만년설에 비치는
화려함 너머의 극광

백령도, 그 아득한 뱃길

황해 가운데로 가까워질수록 사위에는 둥그런 원둘레밖에 없다. 雨요일, 바다는 다만 심심한 듯 파도로만 철썩철썩 객선을 건드리고 비안개가 간헐적으로 갑판에 흩뿌려질 뿐 고물 뒤로 하얗게 직조되는 뱃길은 먼 원둘레 끝으로 이내 사라지고 만다. 넓고 깊은 원 안에는 일렁이는 격랑 외에 아무것도 없다. 부처님 손바닥 위의 손오공처럼 아무리 항해한들 원 중심부에서 맴도느니 이런 낭패가 어디 있단 말인가? 창살도 담도 없는 감옥. 바다는 '그리기 수평선'을 마냥 활용하여 평소 저 직선이나 타원형에서 둥그런 수평선을 자유자재로 그리어 컴퓨터 그래픽보다 더 쉬이 대상을 가두어버린다. 대양의 마음은 황도黃道를 그리는 하늘같이 무애롭기도 하지만 이처럼 짓궂기도 한가보다. 그래 돌고래나 갈매기조차 뵈지 않는, 가도 가도 한이 없을 무렵이면 가끔씩 무료라도 즐기느니, 저 멀리 남양南洋의 물속 돛새치들과 물 위 군함새들이 위아래에서 청어 떼를 협공하는 장면을 관람키도 한다. 허나, 아무리 드넓고 속 깊은 큰 바다의 심사라도 변화무쌍함에는 전들 어이하랴!

무료마저 슬슬 저어해지면 이내 속절없이 엄습해 오는 외로움, 절대고독의 극치에서 갈구하는 것 : 바다는 외로울 때 섬을 낳는다. 꽃게와 까나리가 만선되는 섬, 백령도는 그렇게 제 모습을 드러낸다. 그 아득한 뱃길은 이렇듯 섬을 마중하면서 사라지고 지워진 흔적 뒤에는 부표만이 점점이 떠다닌다. 태극 깃발도 온몸째로 선상에서 펄럭인다.

합장
— 발다로의 연인*

오천 년을 넘어온 어쨌거나 사랑이여!

꼭 껴안은 유골에서 곰비임비 내뿜는 사랑의 골기는 백수광부와 그 아내, 서동과 선화, 몽룡과 춘향, 수일과 순애, 에드워드 8세와 심프슨, 올리버와 제니, 잭과 로즈 등 숱한 선남선녀로 환생하면서까지 보여주었음에도, 여기 "로미오와 줄리엣"의 배경마을이었던 이태리 만토바 인근 발다로 신석기 유적지에서 그대 모습을 통째로 드러내었으니, 자진순장이었든 생매장이었든 정녕 아름답다고만 할 수 있으랴.

사랑이라는 포장된 이름으로 잠시도 헤어질 수 없는 운명이라 하여 여태껏 붙들었으되, 저 뼛조각도 언젠가는 바람에 다 깎이고 말 걸.

한순간의 실체 없는 사랑이 참 오래도록 뭇 무리를 현혹하누나.

* 발다로의 연인 : 2007년에 발굴된 이탈리아 신석기 시대 유골에 붙여진 이름.

산동네 세 동네

부산은 코발트색 바다를 빼면 있을 수 없는 항도라지만
인간 속내를 된통 적시는 산동네 세 동네도 하마 품었다

막사발처럼 빚어진, 잿빛 하늘빛 슬레이트 지붕들이
오순도순 모여 사는 게 눈물겹도록 고운 산복도로변 안창마을

비탈길목에 생긴, 신산한 저잣거리 재래시장 날 풍경이
맨얼굴처럼 진솔한 게 너무 살가운 개금동 골목시장

백매 홍매가 어우러진, 삽살개 꼬리 치는 매원경梅園境에
재 넘어 파도 소리 가막한 전설의 신비스런 소국, 장산마을

회억 속에 앵글을 맞추고 빈 마음 종이에 한껏 인화해 본다
산동네 세 동네 작품 세 컷을 —

종점

뭇눈들이 버스를 내리자마자
각각 종종걸음으로 사라진다

낡은 벤치에는 멍한 눈 하나만 앉아 있다
곁에는 소주병이 홀로 나뒹굴고 있다

"다시 타거라!
 종점은 끝만이 아니라 시작이기도 하니…"

주변에 가득한 허공의 눈들이
채근하고 있다

격자창 가에 앉아

한겨울 해질녘 고궁, 격자창 가에 앉아
쌍화차 한 잔에 취해
낭만의 세상 갈피를 미리 넘겨본다

창살 밖
천 년 고목의 터버린 겉껍질 틈바구니마다
하마 희부옇게 눈뜨는 새순들

텅 빈 뒤뜰
한 줄기 스산한 고추바람쯤이야

방울새는 좀작살나무를 요란스레 흔들어 깨우고
장명등 홀로 봄밤맞이 불 켤 준비에
설레고 있다

하늘의 새벽

어둠을 헤치고 펼쳐지는 감격
구름산맥을 확 깨뜨리며 뻗쳐오는 서광
천지를 뒤흔들면서 울려오는 팡파르
갑자기 창조되는 別세계
구름초원, 구름바다, 기기묘묘한 구름의 세상
파노라마처럼 스쳐가는 지상의 모든 것
허공을 무대로 연출되는 신비
유혹하는 빛
신의 유희
번쩍 풋잠을 깨우며
일순에 앞에 와 있는 하늘의 새벽

생체시계

— 사랑에 나이 제한은 없다*

나이를
먹을수록
가는 세월 빨라

젊음은
어느 사이
돌아가버렸네

낙엽이
가을비에
젖어 썩으면

뉘 몰래
새순들이
봄 창을 열듯

나이를
아예 몰록
놓아버린다면

사랑은
젊음 안고
되돌아오는가

* 사랑에 나이 제한은 없다 : 2006년 당시 79세의 이탈리아 여배우 '지나 롤로브리지다'가 한 말.

냉혹의 메티에를 부수어라

선달 그믐날의 종무식은 가벼운 존재로 회귀하는 너만의 단순한 가면의식일 수는 없다. 북극의 빙산에 칼바람은 몰아치는데 남아시아는 대재앙 쓰나미*로 아비규환이다. 7년 뒤 따스한 봄날 동일본 초거대 쓰나미에 원전시설은 방사능 피폭으로 공황 상태다. 길가 수족관 안에 유영하는 빙어떼는 머잖아 회 초장에 찍혀 금이빨에 으깨질 신세다. 미리 알려주는 그놈, 냉혹의 메티에métier를 포장마차의 오뎅국물이라도 마실 수 있다면 부수어라. 테트라포드, 큐브블럭, 거대한 방파제로는 어림도 없다. 스리랑카 해변의 코끼리가 미리 위험지역을 피했듯이 잊혀진 영감을 되찾아 처음으로 돌아가자. 냉혹하리만치 포장된 기교를 순수 속으로 녹여버려라. 이제부터 산호초와 맹그로브나무를 인류의 가슴에 한 포기씩 심자. 저 산호초로 회귀의 가면을 벗겨내고 맹그로브나무로 냉혹의 메티에를 부수어라.

* 쓰나미 : 2004. 12. 26. 인도네시아 해역에서 발생한 초대형 지진해일.

제4부
잘디잔 것이 경건하다

아무 생각 없이

아무 생각 없이
숲길을 걸으면

무덤덤하게 푸르기만 하던 산
손 끊겨 한적하던 여름 한낮의 숲은
무뜩 온갖 가무의 향연을 펼친다

매미, 쓰르라미, 여치, 풀무치
개미 떼의 기나긴 행렬
잎새와 살랑바람의 애무
만선滿船이 된 한여름 산숲
뜨거운 입김이 용암처럼 분출한다

때때로
헌신짝처럼 벗어던져 보는
세상사 명리

어느새
나무들은 저 하늘만큼 웃자라 있어
이승과 저승의 허물어진 경계를 본다

아무 생각 없이
숲길을 걸으면

탑승권

만물은 태어날 때 이승의 탑승권 한 장씩을 가지고 왔다

우선 가는 거리와 탑승 기종과 때와 곳에 따라 탑승권의 가격이 다 다르다

하루살이는 일일 이용권을, 주목은 천 년 회원권을 보유하듯이 탑승권의 유효기간도 각자 다르다

비록 일반권이더라도 목적지까지 무난히 도달하는 경우가 있는가 하면 우등권인데도 중도에 돌연 하차하는 경우도 있다

단 한 장뿐인 이승의 탑승권을 액면가만큼 유효기간 동안 목적지까지 다 사용하고 간다면

탑승객!
언제 어디서 무엇이 되어 만나더라도 참 풋풋한 자취였노라고 하지 않으랴

잘디잔 것이 경건하다

서캐보다 더 잘게 맺혀 있는 깜장 씨알들
한가위 보름달을 한 아름씩 태몽하고
늦가뭄 속 안간힘 다해 만삭이 된 피어린 몸줄기
목말라 마르다 못해 억센 잡초마저
타버리는 된비알 뙈기밭
노랗게 질린 밥풀만 한 꽃이 피고 진 끝에
모질게도 이어가는 막바지 목숨줄
경건한 미물, 쇠비름 씨알들

차이론에 대한 슬픔

사는 거야 매양 꿈이지. 꿈인 줄 모르고 혹은 꿈일지도 모른다고 하면서 흔히 이와 저의 차이를 논하곤 하지. 섬망譫妄과 치매癡呆—이어지는 헛소리와 오락가락하는 노망 간의 차이를 논해본들, 저 하늘 우라노스의 뭇별과 이 땅 가이아의 새들 사이의 우열을 가려본들 깨고 나면 꿈일 뿐인 그 꿈속에서 누구든 몇 번쯤은 섬망과 치매의 그물망으로부터 자유롭지 못하느니… 돈 없어 한스럽고 돈 많아 불안한 꿈속. 차이를 만들어 함몰하는 동어반복의 소용돌이. 마음 한번 벗으면 꿈 밖, 거 천국의 연꽃으로 피어나는지, 나는지? 통곡한다! 절망이여 답하라, 무명이여 공현公現하라.

풍력발전기

신새벽 내설악, 백담사 만해마을이
골안개에 덮여 자고 있을 때
산자락엔 거대한 눈들이 먼저 잠을 깨
쇠눈처럼 껌벅이고 있다

아침 일찍 불어올지도 모를
미세한 바람마저 포획하여
맑고 푸른 에너지를 생산하기 위해
밤새 선잠으로 지새운 터

옳지, 후쿠시마 원전의 방사능 사태를
대체할 수만 있다면 그러고도 남지
암, 잡초 한 포기라도 살릴 수만 있다면
그러고도 남고말고

망사생가忘死生歌

천만 년 살 것이라고
아등바등하였는가

돌아보니 뜬구름도
흩어지고 없네그려

여기 우리 만난 것이
어이 그리 구슬픈가

사랑도 미움도 모두
털어내니 흔적 없네

다시 만날 기약일랑
부질없는 꿈일런가

오늘도 내일도 속속
바람처럼 자고 가세

낙엽

마른 잎은 크나 작으나
흔들리면서 떨어진다

방어처럼 참 미끈한 시절은
아니 없었으랴만

무좀 허물마냥 붙어 있는
삶의 미련마저 다 떨구고서

완전히 텅 빈 몸으로
바닥에 맞닿은 다음에야

대지를 덮는 이불이 되어
속으로 군불을 자연발화시킨다

이제, 따스해지는 대지의 안방
아랫목의 온기 가득 짙게 묻어오면

닳아버린 길 길마다
재충전의 휴식이 취해지고

말라가던 계곡에는
다시 차는 물빛이 고웁다

다가올 겨울잠은
한결 더 포스근할 것이다

참 곱다란 물빛, 여수

남남쪽 땅끝 갈매기 나래짓 돛폭에 살랑대고
청람색 바다호수를 잠재우는 물안개, 자비로운 손길
선계仙界를 떠다니는 나룻배들 그리 고즈넉하여도
칠흑 밤 반딧불처럼 반짝반짝거리는 곳
참 곱다란 물빛의 고향, 그곳
여수는 새벽토록 잠들지 않는다
추억의 마래터널을 지나면
누런 수숫대처럼 치렁치렁한 야자수 꽃떨기
동박새가 짙붉은 동백꽃잎에 묻혀 순애보를 물고 사는
섬들의 품속에 섬들을 얼싸안고설랑
솟는 해를 바라며 출항하는 금오열도, 온 꿈틀거림이여
거북 등껍데기 절애 틈에 붙박은 해수관음의 사랑나무여
젓갈에 농익은 갓김치 매운 쪼가리에 입안이 온통 얼얼토록 쏘인 채
불끈불끈한 팔뚝으로 장군의 둑기纛旗를 메쳐 들고
저 러시아산 팔라다호 범선단을 맞이하는 충무공의 후예들이여
시방도 쩌렁쩌렁한 여음은 진남관을 뒤흔들고
산천도 일제히 고개 숙이는 삼도수군통제사의 불호령이여
계선주繫船柱마다 형형색색의 요트들이 가득 매여 출렁이고
선소船所는 거북선 제작으로 밤낮이 따로 없다
저 돌산 기슭에는 갯방풍 사이로 장끼 울음소리 한가롭고
사도 어느 양안에는 장딸기를 훑는 공룡들의 발굽 소리 헌걸차다

거리마다 다리마다 공원마다 넘쳐나는 볼거리
옛사람과 이즘 사람이 만국인과 뒤섞인 채
낭창한 수인사, 길게 뽑히는 트럼펫 연주, 파도치는 박수 소리
태평양을 향한 꿈의 첫 출발지, 뭇 항구에는
뱃길마다 풍어를 기원하는 징소리 북소리
거스를 수 없는 도저한 흐름, 신명에 겨워 지신을 밟고
불콰하던 수만 얼굴들이 해맑아지는 곳
참 곱다란 물빛의 고향, 그곳
여수는 날 새도록 잠들지 않는다

재래시장 돔배기

잎이 지듯이 우리도 가고 가건만
재래시장은 왜 찾아 누비는지

낙엽이 썩듯이 우리도 사라지련만
돔배기는 어이 그리 먹고픈지

군산선 통근열차가 마지막 운행을 하던 정해년 제석丁亥年 除夕
설야雪夜는 왜 그리 울먹이며 지나가는지
악어의 먹이, 사자의 밥이 되면서도 누 떼는
세렝게티와 마사이마라를 그토록 피를 보며 오가는지

텅 놓아버려야 할 팽팽한 시위
과녁 넘어 시공을 확 벗어나는 화살
되레 붐빔 속을 누벼 노니느니
돔배기 좌판이 즐비한 재래시장

눈꽃

숲 속의 청록 솔잎을 꽃받침 삼아
온 산에 일제히 피어난 하얀 꽃천지

정이월 엄동을 견뎌 내미는 꽃눈이
실가지 끝에 채 맺히기도 전에

아무리 화려한 꽃도 이내 사라지고 만다는 것을
얼음새꽃보다도 먼저 피어 보이는 눈꽃세계

맨 처음
세상에 피는 꽃

종로에 가면

고향은 종로 안 어디쯤에서
무심결에 슬그머니 나타나곤 하지
토요일 점심때 田字집 장터국밥 푸는 냄새
문득 시골 장날 밥장사하시던 고모네가 분주하다
깍두기김치에 뚝배기국밥 한 그릇 뚝딱 먹어치우는 포만감
인사동 다국적 골동품들, 손때에 스며 있는 옛 정취
탑골 모서리 신 땜장이 아저씨가 땀질하는 대선 후보 자질론
피맛골 막걸리 서너 잔에 거나해지면 나타나곤 하는
하루를 파장하고 귀가하시는 아버지의 불그스레한 얼굴
지하철 1호선이 쉬어가는 종로는 본고향을 가지 않아도
애틋하면 무시로 나타나곤 하는 시골 장터
서울 한가운데 종로에서 만나는
추억의 고향, 마음의 고향

석양

흰 눈밭에 더 푸른 너 솔아

그대 어깨통에 목이 걸린 금까마귀

석별의 하늘보에
피울음을 쏟는구나

윤이월 끝동

비탈바위 틈 샘물 속
초승달이 떠오르면
갑갑했던 그믐밤은
점점 멀리 물러나고

냉기 아직 남은 물 위
노오랗게 이는 꽃별들은
백 년 만의 적설을 녹인
개나리 군락의 낙화짓

내려오는 밤 숲길 예제
진달래꽃 등불로 화안해진 건
백령도 옆 바다에 산화한
천안함*의 넋을 밝혀주는 빛

저 아래 산마을 조막 교회
십자가 유독 붉은 눈물을
머금은 채 쉬이 다가와서
어둠을 다 감싸 안는 곳

봄머리 야경

* 천안함天安艦 : 2010. 3. 29. 밤 서해 백령도 인근, 북한 어뢰 공격에
반파되어 침몰된 우리 군함.

몽환

마음이 허허로운 날이면
알량한 거죽을 벗겨버리고
속살만이 아득히 빠져들고 싶은 곳

명징해야 할 세상이
티끌만 한 욕망 대 욕망으로 맞닥쳐
여린 가슴들이 찢어져 아물 수 없다면
서로의 구분이 모호한 채 함께 떠다닐 수 있는 곳
억지 잠을 청해서라도 가고픈 그곳
몽환세계

몽환은
때로 고향산천처럼
무지무지 반추되는
그리움의 샘터

한라산의 높이

세칭 높다고 하는 것이
전혀 높아 보이지 않는다

산은 산으로서만 존재하지 않고
가장 높은 곳에서 완만하게 흘러내리면서
자연과 사람, 촌락과 도시를 감싸 안고
이 바닷가에까지 뻗어와 살을 섞는다

8부 능선 위에 얹혀 있는 허연 겨울
비바람 치던 어제가 봄날 쾌청한 오늘에
여직 서 있다

참으로 높다는 것은 높아 보이지 않고
어제와 오늘을 함께 품고 있다

제5부
어디서 많이 본 듯한

고향 가는 길

이 몸 시방 따라서
한 세대 넘어 고향을 간다

코스모스 꽃잎 딸 때 그 순정 먼 산 바라던

“알목새는 알로 가고
 울목새는 울로 가고
 꼬드밥 딱딱 후여*……”
새벽 부럼 깨물던 그곳

심장을 휘집고 들어오는 역마살
철만 되면 도지는 유랑병앓이

길은 이미 옛길이 아니요
완행선 삼등열찬들 어데 있으리요만

그래도 한 세대 훌쩍 넘어
고향 찾아가는 휘적휘적 떠돌이여

그대 쉰 노스탤지어에
길가 가죽나무 이파리들
유독 갈 물이 속정 깊이 들었구나

* 정월 대보름날 새벽, 부럼 깨물 때 부르던 경북 지방의 속요.

마술의 달집

우리 집은
매월 한 번씩 달거리를 하지요
불암산 삿갓봉에 두둥실 달이 뜨면
발코니 가득히 바투 다가서서
거실 깊숙이 얼비치는 곰살가운 달빛
촘촘한 은빛살에 쏘인 우리 집은
온통 버얼겋게 중독되어
열락의 마술에 빠져들지요
매월 둥그런 보름달이 뜰 때면
달거리를 하는 우리 집은 달집
황홀한 마술의 달집

솔에 사는 솔새

심심산골
솔밭에 사는
애기주먹만 한 부부 솔새

까아만 머리엔
새하얀 두 줄의 대관戴冠
가슴엔 반짝이는 황금흉장

솔솔바람을 벗 삼아
솔방울을 여의주처럼 굴리며
솔잎에 핀 솔이슬을 먹고 사는 곳
아늑하고 아늑하여라
낙토의 가라빈가

"삐이요 삐이요"
"삐이요 삐이요"
평화의 코러스

절로 사라지는
사바 길손의 시름앓이

넓푸른 하늘, 흰 구름결 같은
솔새의 꿈마을
휘감도는 여유로움

미완성을 위한 변명

1.
세상은 완성을 위해 끊임없이 경쟁하는 곳
전지전능한 조물주가 되어본다
완성, 더 이룰 게 없다
무료하다, 사람 살 곳이 아니다
옅은 화장을 하기 시작한 딸아이가 청순하다
캐주얼복 차림의 저 청년이 싱그럽다
짙은 화장과 정장 차림은 어째 애처롭다
완성을 좇는 하고많은 길들이여
미완성이 있기에 그대 있으니
자신을 완성이라고 지레 길들이지 마시오라

2.
세상은 완성을 끊임없이 개보수하는 곳
이곳이 완성이라면 참 허망하다
희로애락이 공존한다
현실 속내는 곪아터지기 직전의 상처투성이일 수도 있다
한 땀 한 땀 헤진 구두를 기워가는 신기료 아저씨가 그립다
묵혀둔 옥양목 치마저고리를 고쳐
곱게 다려 입고 나서는 큰 누님이 보고프다
최신형 구두와 패션복은 어딘가 불편해 보인다
완성을 좇는 하고많은 길들이여
미완성이 있기에 그대 있으니
자신을 완성이라고 지레 길들이지 마시오라

어디서 많이 본 듯한

길 가다 언뜻 스쳐 지난 사람이
뇌리에 깊이 각인되는 경우가 있다
차창 밖 비끼는 거리 풍경 한 컷이
오래도록 마음자리에 남아 있는 경우가 있다
분명 처음 보는 그 광경 속을 스쳐 지나가는 사람이건만
언제 어디선가 많이 본 듯한 농밀한 판타지
아주 잠시 잠깐의 신비체험 같은
전생에 어떤 연분일지도 모르는 그리움
내생에 펼쳐질 일단의 조짐일지도 모르는 궁금증
밤마다 하늘에 무시로 뜨고 지는 별들처럼
수도 없는 거리를 한량없이 오가는 사람들
무슨 처절한 사연이 있기에 비록秘錄처럼 간직한 채
착시 현상으로 치부해버리는
어디서 많이 본 듯한
엄밀한 업業의 얼개
기시감旣視感

개망초꽃은 지지리도 하이얀 무망이다

무망無望도 꽃으로 필 수 있는가
온통 색깔 없는 색깔로 한들거리며
희망도 절망도 없이
그저 밀리고 쓸리며 지내온 것이
태반이 벙어리 냉가슴 앓이조차 못해본 여항인
그 무지렁이에게서 터져 나온 꽃대들
색깔 없는 꽃도 꽃이라고 거기 기웃거리는
범나비 두어 마리가 정녕 낯설어
장림 뒤 도린곁
짙푸르게 좍 깔린 잡풀 틈바구니에서야
무채색으로 남으려 남으려다 기진하여
지지리도 서러웁게 내보이는 하이얀 개화
무망이 피워 올린 꽃물결
개망초꽃들의 맺힌 억장 부서져 버림이여

천계天界

천계여 돌지 마라
어지럽다

네 하늘의 가슴패기를
이 발길 삐치도록 차버린 채
녹초가 되어버린 몰골 그대로
내려앉고 싶다

하늘 언저리까지 쌓아올린
파아란 돌담 벽 우물 속 깊이
그만 가라앉고 싶다

천계여 돌지 마라
어지럽다

네 하늘의 영혼자락을
이 손길 터지도록 부여잡은 채
찌든 땟국 옷을 훌훌 벗고
떠오르고 싶다

하늘 높드리에서 내려오는
빛 고운 두레박에 맨맘을 싣고
드뎌 날아오르고 싶다

귀촉도 우는 사연

애당초 길거리에 떨어질 때
한 줄기 눈물을 떨구러 온 걸
구름이나 비나 알든 모르든
주변의 가장 기쁜 날을 위하여
지새온 인욕의 세월
울혈져 맺힌 사리

사리에 엮인 백팔번뇌
108가지 번뇌마다 말 못할 설움
끝내 터져 떨구는 눈물, 눈물은
타향마저 적시는 해일海溢만 한데

해일로 부어도 빈 찻잔을
한 방울 꿀물이라도 빨듯 마시며
식언하는 벌레 떼 아류여
느끼는가

바깥 흐름은 긴 오랑캐 바람
찻잔에 스며든 허허로운 벌판
한가운데 선 레지를, 그 밥줄을

곤비하여 조으는 레지야
십오야 뒷단장* 홰나무 숲에
귀촉도 우는 사연 들어보고
맘 편히 마시려무나

여기
차랑차랑 넘치는 농주 한 대접
허기를 메울 만큼 뜨끈하다네

* 뒷단장 : '뒷동산'이란 뜻의 경북 의성 지방의 토속어.

호반의 그대에게

그대!
가슴엔 마른 잎들이 뒹굴고
호수에는 찬바람이 쌀알처럼 부서지는데
청춘의 끓는 피, 구태여 골방에서 홍역을 앓지 말고
어둑새벽 삼등열차가 쉬어가던 호반을 올라보오
밤새 별빛 타고 내린 서리는
하얀 눈물로 남아 있을 거예요

그대!
저녁은 미완의 충족을 꿈꾸며 잠들고
새벽은 재회의 바람 속에서 깨어나듯이
세상사 만남과 이별은 끊임없이 반복되거늘
무엇이 서러워 잎은 지고 무엇에 겨워서 싹은 틀까요
황량한 벌판에 무수히 스쳐가는 검불들이
세월을 켜켜이 쌓아간 뒷날 언제쯤
그래도 지나온 길은 아름다웠노라고 웅얼거리리니

그대!
호숫가 신새벽 마을, 하나둘 켜지는 불빛을 보아요
검푸른 허공에서 꽃잎으로 흩뿌려지는 별똥별의 축제 아래
하늘혼과 땅넋이 입 맞추는 꿈마을의 동화
슬픈 이는 잔물결에 사무친 정 풀어보내고
가난한 이는 애상곡에라도 잠기면서
그예 머무를 곳, 그곳을 찾아야지요

황새

— 황새야 덕새야
니 모가지 짧고
내 모가지 길고*……

해마다 이맘때쯤 어스름 남기嵐氣 속에
석양에 긴 다리 외로운 신사

늘 모가질 허공에 올리고
남국 하늘 어디를 본다

잃어버린 과거는 꿈이라기에
해름 갯가에 홀로 서서
자화상 그리기 기천 번

미루나무 이파리 이울어도
장승처럼 산울녘을 지키다가

천지가 새하얗게 하얘질 날에
남국 어디서 귀향통신을 읽고 있을
에뜨랑제 신세 키다리 신사

* 목이 긴 황새에 관한 지방 속요의 일부.

망상과 착각

〈망상〉

잠 못 이루는 밤이면 이러저러한 생각을 한다
망상을 한다
망상은 정념正念의 상대편에 서서
마치 그림자처럼 정념의 의미를 돋을새김시키며
음지에서 묵묵히 자기의 길을 간다
세인의 혐오와 수행자의 질시를 한 몸에 받으면서
그들마저도 오히려 가슴에 품어들이는 아량
망상은 지옥에서 극락까지
자기의 영역을 무한대로 확장한다
대자유인 같다

때로는 신사고의 창출자로
때로는 과대망상증의 기인으로서 행하는
숱한 역할 속에서도
역시 망상은 세상사의 주역으로 나타나기보다
그 자체로 있을 때가 훨씬 더 맛깔스럽다
수많은 사람들의 마음속을 무대로
그들이 알 듯 모를 듯한 사이
소리 없이 열창하며 전 우주를 아우르는
언제나 정념의 반대편을 지키며
정념과 함께 이승의 또 하나의 사실로 존재하는 위상, 망상

망상은
우리 주변의 위트 넘치는 광장이며
혼탁한 세상으로부터의 도피처
지하철을 타고 가는 동안
우리가 가장 편안할 수 있는 것은
망상이 늘상 곁에 있기 때문이다

〈착각〉

무엇엔가 골똘해질수록 시간의 운행은 정지되는 것 같다
과연 정지되는가, 착각이다
착각은 정각正覺의 수면 아래 잠긴 채
끊임없는 물밑 작업을 통하여
물 위의 세계인 정각을 반짝이게 한다
경박한 언어의 희롱에 무수히 차이면서도
자신을 어둠 속으로 흔쾌히 던져 상대를 드높이는 포용
주변은 온통 착각의 홍수다
익히 듣던 사람들의 이름이 하나둘 스러져가도
자기는 늘 살아 있을 것이라는
눈에 보이는 현상계의 물질만이 삶의 전부라는
이 수많은 착각 속에서

우리는 자기만은 착각하지 않고 살아간다는
그 착각 속에 살고 있다

착각은 자유다
그 자유 안에서의 착각은
우리네 길에 따라 마시는 몇 잔의 약주다
뉘 몰래 인류의 경락을 누비며 울혈을 틔워주는
정녕 무엇인 줄 모르고 살아가는 자체가 행복이라고
정각의 아래쪽에 비켜서서 무의미한 의미로라도
시대를 통틀어 사유하는 날의 끝까지
정각과 운명을 같이하게 될 존재, 착각

착각은
건조한 사변에 윤활유를 부어
활기찬 발걸음을 내딛게 하는 인생 정거장
출근하기 무진장 싫은 날에도
우리가 다시 정거장으로 갈 수 있는 것은
보다 더 좋아질 수 있다는 착각이 있기 때문이다

〈망상과 착각의 합주〉

우리는 망상에 젖었을 때
정념에 있다는 착각에 살고
순간순간의 착각도
정각일 수 있다는 망상에 젖는다

망상과 착각의 만남—
우리들 누구나 간직한 지난날의 아픔 한 조각
손가락 하나 깨무는 아픔으로서의 정신적 장애
장애는 아픔을 겪은 자만이 그를 알듯
망상과 착각 또한 애증이 깊다

망상과 착각의 만남은
삶의 텅 빈 구석을 메꾸어주는
자양분을 끓이는 탕기湯器

우리는
꿈을 현실로 바라보는 착각에 살고
현실을 꿈으로 돌리고픈 망상에 젖는다

숭고하여라,
망상과 착각의 합주여!

저녁 단상斷想

여울물 소리 자고
바람꽃 일어

어릴 적 뛰놀던 마음
하늘에 닿아

구름이 자는 곳
구름 가으로

노을은 다홍색
해거름 서녘

둘레는 온통
무명 자락의 너울

너울에 실려 퍼지는
핏빛 사향내

상사화

1.
나 홀로 멀리 떨어져 있어도
마음은 항상 그대 곁에 있었네
지난날 만나온 수많은 얼굴들도
모두 다 그대를 만나기 위한 연습이었는데
지울 수 없는 사랑의 상처 가슴에 새겨둔 채
머물 듯 머무를 듯 그대는 가버리고
그리움에 사무쳐 핀 한 송이 꽃 상사화여

2.
나 홀로 먼길 정 두고 떠나도
마음은 항상 그대 지켜 왔었네
지난날 맺어온 수많은 사연들도
모두 다 그대를 만나기 위한 연습이었는데
잊을 수 없는 사랑의 상처 가슴에 남겨둔 채
잡힐 듯 잡힐 듯이 그대는 가버리고
기다림에 사무쳐 핀 한 송이 꽃 상사화여

톱밥

— 다시 불러보는 그대 이름

1.
톱밥!
그대는 태어날 때 원망도 많았으리라
제재소에서 그 무시무시한 자동톱날이 그대의 원목에 닿았을 때
재수없게시리 하나의 나무 몸통 가운데 수만 분의 일이라도
될까 말까 하는 하필 그 부위를 톱날에 베여져서
아연 경악하지 않을 수 없었으리라
그래도 그 깊은 두메산간 또는 도시마을 입구에서
느티나무 소나무 회화나무 같은 수목으로 커 올 때는
언젠가는 세인의 추앙을 받는 보호수로 남든지
아니면 경복궁 중건공사에 대들보로 쓰이든지
하다못해 목도장 이쑤시개로라도 쓰여지는
일생이 되기를 가슴 조이며 기다려 왔으리라

2.
톱밥!
그러나 슬퍼하지 말게
그대야말로 자연법칙대로 살아가는 가슴 벅찬 일상이 아니던가
저 순교자인 신라의 이차돈이나 조선 말의 김대건, 최제우
뭇 영혼의 등불인 석가나 예수와 무어 다를 바 없다네
때로는 자기분瓷器盆 속의 밑거름으로 양계장의 배합사료로
소마굿간의 보금자리로 심지어 소각장의 쓰레기로
활활 불태워져서 재로 사라지는 그날까지
뒤끝이 참 아름다운 모습들, 고고하여라

3.
톱밥!
그대가 남긴 한 줌의 재는 결코 헛되지 않으리라
찰나에 불과한 이승을 잠시 비켜서서 나무가 뿌리내렸던 흙으로
그대의 고향인 흙으로 바로 돌아가기 위한 과정의 산물일 뿐
되레 나무가 흙이 되기 위해 가장 멋지게 변형된 모습이요
재로 바뀐 톱밥은 나무와 흙의 중간자여라
아하, 가진 것 없고 입을 것 없어도
고향 가까이 산다는 그 자체만으로도
얼마나 가슴 따뜻한 일인가

4.
톱밥!
그대는 구름에 바람에 실려 사는 선동仙童이라네
경하하리만치 신성하게 다채색 낙엽나라의 초록바윗길을
솔잎핀 머리에 꽂고 파피리 불며 선계로 가세 어서 가세나
그래, 그곳 황홀경에서 영 흙으로 사시든지 다시 나무로 오시든지
지금보다 더 가까이서 다시 만나 못다 한 얘기 나누세나
그대만이 마지막까지 고이 간직한 만리향의 천기누설을 고대하면서
참으로 톱밥을 그리워하는 여느 목숨이
다시 불러 보는 그대 이름, 톱밥
톱밥이여

백두산 천지 찬가

약 일만 수천여 년 전 홍적세 마지막 빙하기
바이칼호 이남, 파미르로부터 북만주 일대에 진원震源한
동방문화의 비조鼻祖 배달민족

환국 개천 이래 신시 · 조선 시대
환인 · 환웅 · 단군왕검 일백여대를
알타이에서 길림 · 만주 · 요령에 걸친 드넓은 강역 중에
요령성 객좌현 일원에 자리했던
삼황오제 시절 홍산문화紅山文化의 주역으로서

백두대간의 태백산 천지연 신단수 아래
터잡아 온 지 어언 수천 광음

다물!
이제 다시 찾으리라, 계룡* 옛터를
구원하라, 천지여 백두산이여

* 계룡 : 북계룡 (만주 요동 지방에 있는 계관산과 오룡산 일대).

온전히 자유로운 것들은 쉬이 머뭇거리지 않는다

— 산강의 시집 『고착의 자유이동』에 관하여

이승우(문학평론가)

1.

먼저 저명한 시인이자 소설가인, 또한 비평가이기도 했던 포우(Edgar Allan Poe, 1809~1849)에 관한 이야기부터 꺼내도록 하겠다. 보들레르를 비롯한 말라르메, 발레리 등 19세기 프랑스 상징파를 추동시킨 진원지이자, 악마적인 재능[1]으로 명성을 떨쳤던 그는 자신의 시심詩心에 관해 다음과 같이 첨언한 바 있다. "나의 시는 모든 예술 작품이 그렇게 시작되어야 하는 것처럼 결말을 통해 그 시의 발단을 찾았다고 말할 수 있다."

이 미국의 독창가獨創家는, 로맨스마저도 수학 공식처럼

주註

1) 포우에게 영감을 얻은 보들레르가 『악의 꽃』을 썼음을 다시 한번 상기할 필요가 있다.

냉정한 구도로 다룰 수 있음을 믿어 의심치 않았다. 그에게 시적인 감성이란, 언제든지 계산될 수 있으며 하나의 법칙적 논리로 환원이 가능한 대상이자 이성의 하위개념이었던 셈이다.(이러한 의식의 총체가 후에 『검은 고양이』 등 일련의 추리소설에 기여했다는 사실은 이미 유명한 일화다.) 언뜻 과학적 방법의 정확한 사용으로 자연의 신비와 대치하는 것처럼 보이던 그의 이러한 시선은, 현대적 미학의 관점에서 재조명해 봤을 때 일말의 허세라고 볼 수도 있겠다. 그러나 데카르트가 "사고는 명확하고 분명한 생각에서 또 다른 명확하고 분명한 생각으로 진행해 감으로써 신의 존재를 확증할 수 있다."라고 몇 세기 전에 이미 천명했음을 감안할 때(더군다나 이와 같은 발상으로 지식에서 모든 비이성적 찌꺼기를 제거함으로써 자연의 모든 현상을 설명할 수 있다는 사실이 당연한 것으로 받아들여지던 당대의 분위기를 감안했을 때), 포우의 이러한 창작적 논리는 단순히 무리수라고 치부하기만은 어려울 것이다.

1846년에 발표한 『창작의 철리哲理 The Philosophy of Composition』에서 포우는 자신의 시 「길까마귀」의 단어 하나하나는 정확한 이유 아래 선택된 것이며, 그 시는 전체적으로 내야 할 어떤 효과에 대한 성찰에 기초하여 창작되었다는 것을 극명하게 보여준다. 이러한 방법론은 그로 하여금 프랑스 상징파 일군一群의 지지를 얻어내게 하지만, 반대로 밀러나 듀렐을 비롯한 몇몇 활력론자들에게는 형식과 의미를 타산적으로 따져간다는 점에서 여전히 달갑지 않은 성질의 것이었다. 문학이 기계적인 구도 속에 귀속되어서는 결코 안 되며, 마치 뱃속에 있는 태아처럼 그 자체로서 생명력이 유지되어야 함을 강조한 그들에게 이는 지극히 제한적이고 위험한 발상이었을 것이며, 동시에 비속한 감각으로 다가왔을 것이다.

그렇다면, 가장 함축적이고 예민한 언어라고 할 수 있는 시어詩語는 작금의 구도 속에서 어떻게 생성되어야 하고 위치해야 하는가? 애초에 그것이 어떤 합목적성에 의지하고 있다면, 혹은 (활력론자들이 주장하는 논리대로) 무궁무진한 가변성을 지닌 유기체처럼, 시대적으로 정신적으로 진화해가야 한다면, 이를 하나의 일방적인 관점에서 정의한다는 것은 무의미하다. 요컨대, 현대시에 있어서 이성과 감성은 더 이상 충돌하고 균질하게 정리되어야 할 성질의 것이 아니라, 송과선松果線을 기준으로 양뇌兩腦가 좌우로 마주하듯, 때로는 거울처럼 상대를 비추고 때로는 하나가 되어 메타포를 지배해 나가야 한다. 현대시는 당대의 패러다임에 내재된 템포를 초월하고 있으며 존재가 의미를 무력화시키고 있음을 필자는 이미 지면[2]을 통해 고찰한 바 있다.

시조집 『독수리는 큰 나래를 쉬이 펴지 않는다』로 독자들을 찾아온 지 꼬박 일 년하고 반 만이다. 첫 시집 『바다는 외로울 때 섬을 낳는다』를 통해 사물과 현상에 대한 침착한 사유와 냉정한 해부로 그 창작적 가능성을 돋보였다면, 최근 연달아 발표한 시조집 『삼라만상』과 『독수리는 큰 나래를 쉬이 펴지 않는다』에서는 자연에 대한 숙연한 시각과 일

주註

2) 산강, 『독수리는 큰 나래를 쉬이 펴지 않는다』, 「'의미' 위에 걸터앉은 시선, 몸짓 위에 내려앉은 '존재'」, 천우, 2010, pp.142~154 및 월간 『문학공간』 2010. 4월호 pp.166~174에 게재.

상에 대한 통렬한 해학으로 시상詩想의 젖줄과 형이상학의 힘줄을 더욱 팽팽하게 당겨냈다는 느낌이다. 그렇다면 산강의 이번 시집 『고착의 자유이동』은 과연 어떤 모습으로 시의 활로를 보여 줄 것인가? 아니, 그 이전에 시어를 생성하는 이성과 감성을 어떻게 화해시켜 나갈 것인가? 수많은 질문과 기대를 뒤로하고 현대시에 만연해 있는 이 지난하고도 숙명적인 과제들을 산강이 어떻게 해결하고 환기시켜 나가고 있는지, 지금부터 확인해보도록 하자.

2.

뭐 내세울 만한 게 없다

"먼 훗날 우주시대
밤하늘 한구석 어디
희미한 별자리 인근에서라도
명멸할 수가 있다면 다만 꿈일는지…"

그저 흔들릴 뿐이다

—「자서」 전문

두 번째 시집의 효시를 쏴 올리는 이 작품은, 여전히 '흔들림'을 화두로 몽환적인 분위기를 자아내고 있다는 점에서 전작 『독수리는 큰 나래를 쉬이 펴지 않는다』의 후미를 장식한 걸작, 「차창 밖」의 연장선상에 있다고 해도 좋을 것이다. 그러나 "흔들린다/ 강도 산도", "여지껏/ 살아온 것이 다"라는, 전작의 체험적 시구와는 다르게 '꿈'이라는 가정적 상황을 개입시킴으로써 단순히 현실 속에서의 감각과 깨달음의 굴레로 사유의 공간을 제한하지 않으려 한다는 점에서 그 궤를 달리한다. 아울러 "뭐 내세울 만한 게 없다"는 첫 구의 전제만큼이나, 이 형이상학의 대가는 초연한 초심初心으로 다시금 미래를 견지하려 하고 있다. 그것은 열병과도 같은 지독한 창작욕도 아니요, 일상의 진득한 타성에서 벗어나고자 하는 도피적 심정도 아니다. 오히려 이러한 것들은 일방적이어서는 안 되며 이것들과 뒤섞이며 "흔들리며/ 흘렀"(「차창 밖」)을 때 비로소 숙명적인 '생生'과 마주할 수 있다는 그 특유의 심미안적 버릇에서 비롯되었을 것이다. "먼 훗날 우주시대" 앞에서 시간은 전복되었고 "밤하늘 한구석 어디/ 희미한 별자리 인근" 밑으로 공간은 무색해졌다. 더 이상 그 어떠한 것에도 '고착'되지 않는 '흔들림'의 중심에 화자가 우뚝 선 것이다.

가령 그 흔한 나무 하나를 보자

아카시아는 평생을 한곳에서만 살고
솔도 제 땅에서만 지나새나 사는 것은
오월, 새하얀 꽃향기 너울과 진노란 송홧가루를
천지사방 어디든 날릴 수 있기 때문

장좌불와長坐不臥
그 속에 펼쳐지는 기나긴 만행

—「고착의 자유이동」 전문

스쳐 지나가는 미미한 삶에 "흔들릴 뿐"인 화자의 시선은, 자연의 순호純乎가 가지는 또 다른 '흔들림'과 운명적으로 조우한다. 극적이라고는 할 수 없는 이 만남은, 그러나 화자에게 일종의 영감인 동시에 뇌수를 후비는 중대한 깨달음으로 다가온다. 그것은 우리를 숨 쉴 수 있게 해주는 산소만큼이나 익숙했던 것이고, 그렇기에 이제는 그 존재 여부에조차 무관심해진, 길가의 "그 흔한 나무 하나"에서도 발견할 수 있는 것이었기에 더욱 역설적이다. 현실이라는 세상에 뿌리 내리고 있는 모든 것은 그 순간, 그 장소를 온 생애에 걸쳐 담아 두지만, 결코 그 본질이 가지는 내일은 한곳으로 정체되지 않는다. "새하얀 꽃향기 너울과 진노란 송홧가루"가 "어디"로 날아가고 있는지를 굳이 상상이나 의미의 돋보기로 좇을 필요는 없다. 그것은 "천지사방" 어디에나 "기나긴 만행"으로 어제를 살아왔고 오늘을 통해 비로소 내일로 향하는, 무수한 발걸음으로 흩어지고 있으니까 말이다.

일상 가까이에서 흔히 볼 수 있는 미물들, 한 군데에 머물러도 늘 마음 넉넉한 나무들의 모습이야말로 매일 모여 진리를 탐구하는 수행자가 돌아갈 곳이랄까(?), 기나긴 침묵의 느낌표를 긋게 한다.

3.

온통 옅게 펴오르는 색감 속으로
아련한 사연들이 빛화살처럼
잊혀진 날의 마이크로필름에서
꿈꾸듯 무시로 영사映寫되다

—「봄 내음의 색감」 부분

총 5부작으로 구성되어 있는 이번 시집 중 〈제1부 '길에게 묻는다'〉는 앞서 잠시 살펴본 '흔들림'이라는 화두에 외적인 물음을 구함으로써 화자 스스로 삶의 균형을 도모하고자 하는 시인의 시심詩心이 가장 직관적으로 구현된 장이라고 할 수 있을 것이다. 자유의 광경을 목도한 화자에게 처음 찾아온 손님은 현실과 꿈의 경계선상에 "온통 옅게 펴오르는" "봄 내음"이었다. 마음은 언제라도 떠날 수 있고 어디든 갈 수 있지만, 달짝지근한 봄날의 "봄 내음"은 화자의 흔들림을 붙들기에 더하지도 모자라지도 않았다. T.S 엘리엇은 생명이 만개하는 봄을 빗대어 "4월은 잔인한 달"이라는 유명한 시구를 남긴 바 있지만, 화자에게 봄날은 "빛화살처럼" "잊혀진 날의 마이크로필름"으로 "영사되"는, "아련한 사연"을 불러일으키는 추억과 연민의 대상일 뿐이다. "색감"이라는 시각적 심상이 "봄 내음"이라는 후각적 심상으로부터 전이되어 공감각적 심상으로 다시금 태어남으로써 시인은 평면적인 과거의 편린들을 입체적인 퍼즐로 완성해 간다.

이 세상 다하는 날
마지막으로 불러보고 싶은 한마디 말
'어무이'

기쁘거나 슬프거나
아프거나 늙더라도
한결같이 부르고 싶은 이름
'어무이'

이 세상 맨 처음으로 부르기 시작했듯이
저 세상에 가서라도
다시 불러보고 싶을 보통 이름
'어무이'

어무이 —!

—「어무이」 전문

어느 봄날, "봄 내음"에 취해 "잊혀진 날"을 "마이크로필름"으로 되새기던 시인은 아직 퍼즐의 마지막 한 조각을 찾지 못했다. 아니, 정확하게 말하자면 그것을 이미 너무도 일찍 찾아냈기에 그 스스로 방기해두고 있었는지도 모른다. 그러나 인생이라는 필름의 끝이 "이 세상 다하는 날" 고개를 들자, 놀랍게도 시인은 "이 세상 맨 처음으로 부르기 시작했듯이" 필름의 맨 첫 부분을 영사기에 넣는다. 그것은 그가 달관의 경지에 이르러 얻은 깨달음보다 원초적인 영역에 자리하고 있었다. 시심詩心이라고 하기에는 처음부터 너무나 촘촘하게 엉겨 있었던 본능, "어무이"는 사실 시인이 언어[詩語]라는 관습을 학습하기 이전부터 가지고 있었던 단 하나의 벌거벗은 "한마디 말"이자 "저 세상에 가서" 부를 유일무이한 "이름"이었던 것이다. 사실 시인뿐만 아니라 '어머니'는 누구에게나 늘 끝없는 바다이자 헤아릴 수 없는 하늘 저편이었다. 그러나 시인은 그것을 시어로서 풀어낼 줄 알아야 한다. 애연가들에겐 담배가 곧 최상의 종교인 것처럼, 시인에겐 시어(詩語 – 여기서의 '시어'는 원초적이고 궁극적인 언어 그 자체로서의 '시어'를 의미한다.)가 곧 삶에 있어서 마지막 종교이기 때문이다. 그런 의미에서 이 작품 「어무이」는 "어머니는 죽어서 달이 되었다"로 시작하는 명시名詩, 「사모곡」[3]과 충분히 비견될 만하다.

4.

사람 사는 이 도시에까지 어이 홀로 흘러와서
밤나무 둥치 썩은 옹이 속을 쪼느니, 맥없는 울림이여
산골 청량한 숲 속마저 난개발로 쫓겨나는 21세기의 새들
여기도 이마적부터 정보도서관을 짓는답시고 무너져 내리니
함께 노닐던 사람의 새, 김광섭의 비둘기는 이미 사라진 지 오래
익명으로 돌아가는 이즘 세태, 정든 땅이라고 오랜만에 찾아와

주註

3) 『몸 바뀐 사람들』(감태준, 문학동네, 2005)에서 발췌.

서성이는 한 홀아비의 어깨가 축 처져 있다
실없이 비끼는, 숲정이 높이 이파리 사이로의 희미한 빛살들

—「서울로 온 불청객, 까막딱따구리」 부분

전장이 "자유이동"의 방향에 관한 감각적인 타진이었다면 〈제2부 '성자의 손'〉은 여러 현장의 이미지를 통해 그것을 본격적으로 고찰해 가는 장이라 할 수 있다. "사람 사는 이 도시"에 "홀로" 둥지를 튼 까막딱따구리는 이미 자연의 내음이 사라진 곳에 터전을 잡았기 때문에 엄연한 "불청객"이다. 인간의 속도, 첨예한 문명의 박자에 따라오지 못하는 미개한 개체이자 희생이 불가피한, 위대한 발전의 힘없는 제물祭物인 셈이다. 조세희의 『난장이가 쏘아올린 작은 공』의 난장이를 연상케 하는 "서성이는 한 홀아비"는 "정든 땅이라고 오랜만에 찾아"왔기 때문에 죄 없는 '죄인'이 되어버렸다. "김광섭의 비둘기는 이미 사라진 지 오래"이고 "어깨가 축 처져 있"는 처량한 "홀아비"는 "까막딱따구리"와 마찬가지로 도시의 차가운 심판대 앞에 놓여 있다. "숲정이 높이 이파리 사이로의 희미한 빛살들"은 희망이 아니라는 사실에 더더욱 애처롭다.

이 작품이 이번 장에서 갖는 위력은 실로 씁쓸하기까지 하다. "자유이동"이 불가한 상황에서 고착되어버린 존재의 오늘을 재조명하는 일은 시인 자신으로서도 불편했을 것임에 틀림없다. 사실상의 '사형선고'를 내리는 일에 누가 동참하고 싶어 하겠는가. 그러나 누군가는 그 일을 해야 한다. 앞서 말했듯, 시인에게 있어서 언어가 종교라면 시인은 시어를 통해 이를 작품으로 토해내야 한다. 그것이 시인의 숙명이자 의무다. "성자의 손"이 '누구의 손' 인지를 시인은 기억한다. "그 손의 주인은 다 시골성자의 보통 얼굴"(「성자의 손」)이라는 사실을 이미 알고 있는 시인 앞에서 "고착"된 의미는 또 다시 무력해진다. 시인이 여전히 "흔들릴" 수밖에 없는 이유다.

이처럼 "자유이동"과 본질적으로 대비되는 대상을 내세우고, 거기에 내재된 본질을 해부하는 일은 미학적으로도 의미로운 일이 아닐 수 없다. 이를 통해 『고착의 자유이동』은 더욱 역설적이고, 더욱 순도 높은 진정성과 마주하게 된다. "까마귀들"(「묵화」), "물까마귀"(「물까마귀」), "멧새들"(「까치집」)과 같이 날개를 가진 존재들이 이번 장에 대거 등장하는 이유 역시 이러한 역발상의 연장선상에서 생각해 볼 수 있을 것이다.

이밖에도 숫자로의 환원을 통해 현대적 감각을 한껏 돋보인 「마찰의 묘용」과 저 남쪽나라 어딘가에 실제 있을지도 모르는 이상향의 마을을 상정하여 '산강' 이라는 필명을 위트 있게 대입시킨 「산강마을을 찾아서」는 이번 시집의 테마와는 또 다른 방향에서 현대시인으로서의 재능과 면모를 확인할 수 있는 성과들이다.

5.

산을 내려가는 밤 솔밭길이 자못 엄숙하다
양쪽에 도열해 있는 솔 둥치들은 검정 상장을 둘렀다

풀벌레 소리도 뚝 멎어버린 이저승의 중간지대
먼 곳에서 쏙독새의 초혼가만 단소 가락처럼 끊어지고
배낭에는 고추 한 움큼, 깻잎과 호박잎 한 줌만 들어 있다
이것도 족하다 하지만 아직 무겁다
수시로 하산하면서, 무시로 엘리베이터를 타고 내리면서
그때마다 그 순간을 하직하며 살아가는 식충들
모른 체한다고 모두 용납되는 것은 아니다
훨씬 더 가벼워져야 한다
매양 들락거리는 죽살이의 경계지대
누군가와 헤어질 적마다 엄숙한 하직을 생각해야 한다
다 주거라, 한 생각도 남김없이 버리어라
더 이상 가벼움도 느낄 수 없어야 한다

―「하직」 전문

〈제3부 '격자창 가에 앉아'〉는 진취적인 탐구와 시적인 호기심보다는, 지금을 살아가고 지금을 견디고 있는 모든 인생의 무게와 생명력에 관한 깊은 천착이 돋보이는 장이다. 이 중 "양쪽에 도열해 있는 솔 둥치", "고추 한 움큼", "깻잎과 호박잎 한 줌" 등 풍부하고 감각적인 이미지, 그리고 명령과 권유의 적절한 어조의 배합으로 팽팽하게 당겨진 긴장감이 일품인 위의 시 「하직」은 사유적으로나 기법적으로나 완연한 경지를 선보이고 있다. 그러나 무엇보다도 주목해야 할 것은 바로 이러한 사유와 기법을 장악하는 시적 발상이다. 이른바 목표라 함은, 위로 올라가려는 의지와 이에 대한 실천에서 특히 각별해지는 법인데, 이 작품은 오히려 "다 주거라", "한 생각도 남김없이 버리어라"라며 가지고 있던 것을 다 떨치라고 촉구한다. "모른 체한다고 모두 용납되는 것은 아니다"라는 도덕적인 경계심 역시 잊지 않는다. 평론가 김성곤은 톨킨의 걸작인『반지의 제왕』이 판타지 문학의 왕좌에 오를 수 있었던 것은, 주인공들이 (귀한 보물을 획득하러 모험을 떠나는 것이 아니라,) '반지'라는 절대적인 가치를 내치러 가는 '체제전복'적인 행위를 해냈기 때문이라고 지적한다. 하물며 "더 이상 가벼움도 느낄 수 없"을 때까지 쥐고 있는 모든 것들을 내리라는 화자의 엄숙한 '경고'는 기존의 '살찐 문명'에 얼마나 큰 경종을 울리고 있는 것인가.

차라리 한 조각의 고물이 되리라
버려져 발길에 채는 쇳조각에 불과할지라도

차라리 한 장의 폐지가 되리라
아무도 거들떠보지 않는 지스러기에 불과할지라도

보아라
기왓골처럼 주름진 꼬부랑 할머니, 할아버지
리어카에 가득 실어 오고 있다

막바지 몸부림이 목숨줄을 이어가듯
이승에 남은 보일 듯 말 듯 희미한 촛불 하나

꺼버릴 수 없다
위험한 차선을 넘어오는 최후의 노병들

이제 아는가
저 도솔천의 저승새가 아무리 오라 울어도
여기 그대로 한 조각 고물이 되리란 걸

—「고물」 전문

생의 마지막 종착역이 가까워왔음에도 불구, "최후의 노병들"이 보여주는 비장함이 돋보이는 이 작품은 모든 걸 내려놓으라는 앞의 작품, 「하직」과 그 주제 면에서 긴밀히 병치되며 이번 장의 주제의식을 심화시킨다. 즉, 「하직」이 가진 것의 '넘침'에 대한 경종을 울리고 있다면, 이 작품은 지푸라기 하나라도 잡고 싶은 심정으로 얼마 남지 않은 "목숨줄"을 "리어카 하나"에 거는 새벽길 "노병들"의 곡예를 생생하게 증언한다. 언제 끝나도 이상하지 않을 이 서글프고 위태로운 곡예가 "최후의 노병들"에겐 결코 두렵지 않다. 켜켜이 인생의 촛농 위에 쌓여 온 "촛불 하나"의 집념은 이미 "한 조각의 고물"이 되는 것에도, "한 장의 폐지"가 되는 것에도 개의치 않기 때문이다. 고령사회로 전환되어 가는 이 시대 상황에서도 한때 산업사회의 주도적 일꾼으로 기여했을지도 모르는 노인들이, 어떤 이유에서든 대우받지 못하고 소외되었지만 스스로 삶을 지탱하려는 막바지 시도는 처절함을 넘어서 숭고하기까지 하다. "차선"을 넘나들 때마다 "희미"해져 가는 이 애처로운 "촛불"을 "도솔천의 저승새"가 못 끌 수밖에 없는 것은, 역설적이게도 이미 생사의 경지를 초탈한 이들의 넋이 더 이상 저승에서 함부로 할 수 없는 것임을 누구보다도 잘 알기 때문일 것이다. 물아일체物我一體. 어쩌면 이 가난한 "노병들"은 진정 자신이 고착될 곳을 찾았기에, 이 세상에서 가장 온전히 자유로운 존재일는지도 모른다.

이외에도 "온 세상을 뜨겁게 덮어주는/ 만설의 품사위 같이" 등 촉각적 심상의 시구가 인상 깊은 「만설」 역시 기존의 문단文段에서 찾아볼 수 있었던 감성을 더욱 단단히 구축하거나, 또 다른 사유적 가치를 부여하고 있다는 점에서 충분한 성취가 이뤄졌다고 할 수 있는 작품이다.

6.

때때로
헌신짝처럼 벗어던져 보는
세상사 명리

어느새
나무들은 저 하늘만큼 웃자라 있어
이승과 저승의 허물어진 경계를 본다

아무 생각 없이
숲길을 걸으면

—「**아무 생각 없이**」 **부분**

모든 것을 다 내려다 놓은 이의 어깨만큼이나 홀가분한 것은 없다. 가벼우니 두려운 것도 없다. "헌신짝처럼 벗어 던져 보는/ 세상사 명리"라는 문구에서 직감할 수 있듯, 〈제4부 '잘디잔 것이 경건하다'〉는 전장의 명백한 연장선상에 위치해 있다. 특히 "이승과 저승의 허물어진 경계를 본다"라는 시구는 이 작품의 백미이자 바로 전장의 작품인 「하직」에서 제시된 개념인 "이저승의 중간지대"의 훌륭한 교량 역할을 하고 있다. 창작 초기부터 심심찮게 등장하던 이 탈현실의 영역은 시공간을 무색하게 하며 '계속 살아 움직이는' 범시대적인 문학관을 제시하고 있다는 점에 있어서 이제는 산강의 트레이드 마크가 되어가고 있는 느낌이다.[4)]

일찍이 단테가 자서 『신곡』에 지옥도 천국도 가지 못하는 이들의 체류지로 '연옥煉獄'[5)]이라는 개념을 채용했다는 점을 상기한다면, 이와 같은 발상의 토대가 작품의 생명력에 얼마만큼 큰 비중으로 연관할 수 있는지를 알 수 있을 것이라 판단된다.

주註

4) 대표적인 사례로 전작 『독수리는 큰 나래를 쉬이 펴지 않는다』의 「씨」 등을 들 수 있다.

5) 12세기 유럽에서는 연옥을 뜻하는 라틴어 단어 '푸르가토리움(purgatorium)'이 등장하고 그 논리가 구체화되었다. 가톨릭의 전폭적인 지원 아래 13세기에 적극적으로 퍼져나간 연옥 사상은 공의회와 종교 신문訊問에서 이단들을 탄압하는 수단으로 사용되었다. 14세기에 작성된 단테의 『신곡』, 르네상스 시대의 성화, 조각 등에서도 연옥에 관한 수많은 이미지들이 등장한다. 이처럼 중세부터 오늘날까지 연옥은 서양의 예술, 문학, 종교, 학문 등 다양한 분야에 영향을 끼치고 있다. 동양과 서양, 그리고 기독교 각 종파마다 이에 대한 개념적 입장을 달리하고 있다는 사실은 주목할 만한 부분이다.

서캐보다 더 잘게 맺혀 있는 깜장 씨알들
한가위 보름달을 한 아름씩 태몽하고
늦가뭄 속 안간힘 다해 만삭이 된 피어린 몸줄기
목말라 마르다 못해 억센 잡초마저
타버리는 된배알 뙈기밭
노랗게 질린 밥풀만 한 꽃이 피고 진 끝에
모질게도 이어가는 막바지 목숨줄
경건한 미물, 쇠비름 씨알들

—「잘디잔 것이 경건하다」 전문

다 내려 보내고 "아무 생각 없이/ 숲길을" 지난 화자를 기다리던 것은 무엇인가. 그것은 다름 아닌 "깜장 씨알들", "쇠비름 씨알들" 같은 한낱 "미물"이었다. 그러나 이미 '흐름'과 '흔들림'의 경계를 넘어, 한결 더 초연과 무상의 경지에 가까워진 시인에게 전지전능한 것은 더 이상 완전한 것이 아니었다. 그 안에도 의외의 약점이 존재한다는 사실을 알게 되었고, 반대로 아무것도 할 수 없을 것 같았던 존재가 무언가를 성취할 수 있다는 사실을 알게 되었다. 시인은 계획에 없던 경이와 함께 때로는 "피어린 몸줄기"로, 때로는 "막바지 목숨줄"로 온몸으로 온 힘으로 밀물처럼 밀려드는 생生의 파도에 무한한 여운을 느낀다. 그리고 드디어 찾고자 했으나 찾지 못했던 단 하나의 진리를 목격한다. 온전히 자신의 의지로 수십 번 수백 번 흰 세상을 밀어 올려 피어나는 꽃 한 송이를. "맨 처음/ 세상에 피는 꽃"(「눈꽃」) 한 송이를.

7.

길 가다 언뜻 스쳐 지난 사람이
뇌리에 깊이 각인되는 경우가 있다
차창 밖 비끼는 거리 풍경 한 컷이
오래도록 마음자리에 남아 있는 경우가 있다
분명 처음 보는 그 광경 속을 스쳐 지나가는 사람이건만
언제 어디선가 많이 본 듯한 농밀한 판타지
아주 잠시 잠깐의 신비체험 같은
전생에 어떤 연분일지도 모르는 그리움
내생에 펼쳐질 일단의 조짐일지도 모르는 궁금증
밤마다 하늘에 무시로 뜨고 지는 별들처럼
수도 없는 거리를 한량없이 오가는 사람들
무슨 처절한 사연이 있기에 비록秘錄처럼 간직한 채
착시 현상으로 치부해버리는
어디서 많이 본 듯한
엄밀한 업業의 얼개
기시감旣視感

—**「어디서 많이 본 듯한」 전문**

'흔들림 – 고착 – 버림 – 무상 – 집념' 으로 내적인, 또한 외적인 '이동' 을 해오던 화자는 〈제5부 '어디서 많이 본 듯한' 〉에 이르러서야 비로소 발걸음을 돌린다. 그가 돌아갈 길은 "한 세대 넘어 고향을 가"는(「고향 가는 길」) 길일수도 있고, "황홀한 마술의 달집"(「마술의 달집」)과 가까운

길이자, “십오야 뒷단장 홰나무 숲에”(「귀촉도 우는 사연」) 연결된 길일 수도 있다. 그런데 순간에 살고 순간에 죽는 이 모든 광경들이 낯설지가 않다. “어디서 많이 본 듯한”, 그러나 “분명 처음 보는” 그것들은 여전히 “궁금증”이자 “그리움”으로 “뇌리에 깊이 각인되”고 “오래도록 마음자리에 남아” 있을 뿐이다.

이승과 저승이 중첩되는 공간에서 그는 문청 시절의 고뇌와 애환을 상기하는 등 무수한 어제를 회상하고 무수한 오늘을 느끼며 무수한 내일을 예감해왔던 자신을 지그시 바라본다. 살아 있다는 것. 그리고 머뭇거리지 않는다는 것. 존재는 수많은 운명 속에 같은 형태로 만났다 때로는 비켜감을 반복한다는 사실에 시인은 그저 숙연해 할 뿐이다. 경건한 생명력은 생生 앞에 무수한 조우와 엇갈림을 흘렸고 자각은 더 이상 무의미해진 것이다. 이성과 감성이 온전한 자유 속에 하나가 되는 순간이다.

삶의 개결성에 대한 과학적인 성찰의 미학

(월간 『문학세계』 2010. 10월호 〈월평〉에서)

이수화

((사)세계문인협회 상임고문 · 국제펜클럽 원임부이사장)

유난스레 열대성 고온이 9월 상순까지 기승을 부리는 날씨지만 시인들 정신 노작인 역작을 찾아 이 달에도 수백 편의 시 작품을 열독하는 월평자에겐 적잖은 희열이 찾아들곤 한다. 가뭄에 콩 나기 격인데도 역작시가 발견되어서다. 가령,

앙상한 이빨
내 해골의 이빨
죽인 치아신경
삭아버린 이뿌리

금니 크라운까지
변설辯舌의 입술 속에 숨겨진 치부恥部
아, 그러고 보니
치장된 몸속 곳곳에 숨겨진
눌어붙은 삼독 찌꺼기들
한 세기도 살둥말둥한 보통 사람
미리 보는 저 사후의 모습
앙다문 아래윗니빨
그로테스크한 가면의 현생

— 산강 「치아 CT 영상」 전문

—을 보면, 문학사가文學史家들이 종종 이야기하듯 독자가 시를 한 편 읽기에 적당한 14행 소네트 형식미로서나, 내용의 리얼리티 이미지 기법 서술시로서의 표상 솜씨가 유려할 정도의 내러티브 포임일 터이다. 치아 CT 영상에 나타난 사실적인 치아의 자기모멸적인 혐오상 표현도 솔직하고 적확하다. 삶의 개결성에 대한 과학적인 성찰의 미학이 성취된 보기 드문 인체 제재의 서술시가 아닌가 한다. 함께 발표된 산강의 「용암 강물」도 좋은 과학 제재로 보인다.

땅은 사람을 낳고 사람은 땅을 낳는다

— 계간 『시세계』 2010. 가을호 pp.208~220 게재본 가필

산 강(김락기)

1.

'형이상학!' 깜짝 놀랐다.

문단과 관련 학계의 두 원로 분이 마치 입이라도 맞춘 듯 그렇게 말씀하신 것이 놀라웠고, 내 어쭙잖은 속내평을 다 내놓은 것 같아 바끄러움이 엄습하였다. 내 첫 시집 『바다는 외로울 때 섬을 낳는다』를 보시고, 각각 다른 모임에서 나를 만나자마자 한마디로 평하신 말씀이 "산강의 시는 형이상학이야!" 였다.

한 분은 단국대학교 국문학과 교수를 역임하시고 2009년도에 정년퇴임하신 임선묵 선생이신데, 창작 문단과는 일정 거리를 두시면서 평생 시조 연구 및 이론 정립에 힘쓰셔서 그

분야의 최고 권위자라 할 수 있는 분이시고, 다른 한 분은 여류 시조시인, 소설가 및 화가로서 창작 시조 문단의 원로이신 전연욱 선생이시다.

그런 연유로 해서 나는 저 4백여 년 전 영국의 시인 존 던(John Donne)의 형이상학을 접하게 되었고, 그의 다음 시작품을 감상하면서 어찌 이렇게도 시상詩想이 비슷할까 하여 탄복하였다.

어느 사람이든지
그 자체로서 온전한 섬은 아닐지니
모든 인간이란 대류의 한 조각이며
또한 대양의 한 부분이어라

(중략)

누구를 위하여 종은 울리나
이를 위하여 사람을 보내지는 말지라
종은 바로 그대를 위하여 울리기에

— 존 던 「누구를 위하여 종은 울리나」 부분

부분과 전체와의 연계성, 시공을 넘나드는 인연성은 나의 시조집 『삼라만상』이 지향하는 속성의 일부로서 아주 작은 소립자와 너무나 크나큰 우주를 모두 담고 싶어 하는 그것과 닮았다고 할 수 있다.

그대, 어디 누구이며 무엇인지 잘 아느뇨
이도 저도 모르면서 어이 그리 태연한고
하기사 온갖 사상事象은 제 맘속에 다 있으니

높게 높게 멀리 멀리 볼수록에 한이 없고
잘게 쪼개 또 쪼개어 살필수록 신비하니
이 모둘 한 말로 하되 삼라만상이라면

언 말로 정의해도 꼭 맞다고 볼 수 있나
변죽만 울리울 뿐 속내평은 못 여느니
얼마를 더 절망하여야 단연코 확 열릴까

— 졸시조 「삼라만상」 전문

이상과 현실의 연계성을 노래한 다음 작품은 어떠한가.

꽃과 새는 그림 속에나 있는 줄 알았다. 아무려면 현실에선 이룰 수 없는 문인화의 화조도나 박수근류의 데생에서나 보았던 이상향. 한데 홍매화 벙글어 묵은 가지에 직박구리 한 쌍 휴일 아침나절껏 노니느니. 연신 꽃술을 쪼아대는 긴 부릿짓에 혹할 즈음 꽃대궁 속으로 점차 클로즈업되며 펼쳐지는 무릉도원.

위선이 난무하는 현실은 복사꽃 흐드러지게 피고 춘삼월 꽃비가 꽃샘바람에 흩날리는 밤 풍경 저쪽으로 아슴푸레 멀어져 가건만 새가 찾아낸 무릉도원의 꽃향기 꿀 내음은 벌

나비가 되어 시방 이 하늘을 주 무대로 하여 날고 있음이니!

곁에 두고도 몰랐던 것이 참 슬프디슬프다. 꿈꾸는 희망, 우리의 꽃과 새는 그림뿐 아니라 현실 어디에서도 볼 수 있음을 앞뒤가 이어진 뫼비우스의 띠 위를 달려보면 누구든 바로 알 터인데.

— 졸시 「꽃과 새」 전문

물론 나의 시와 시조 작품에 대해 평자들의 다양한 견해가 있었다. 건강한 삶의 미학(문무학), 관조로 꽃피운 절정의 미학(정귀래), 어제와 내일이 만나는 곳, 지성과 감성을 겸비한 시인(이승우), 존재의 심연을 바라볼 줄 아는 깊은 눈길을 지녔으며(오정국), 오감으로 습득할 수 있는 영역과 오감을 뛰어넘는 형이상학적 세계를 두루 섭렵한 시인(김준) 등의 평가가 있었지만, 한 마디로 '형이상학'으로 말씀하신 것은 법계의 수행자에게 내리는 화두처럼 내 뇌리에 콱 꽂혀 있다.

그러고 보니 내 작품 성향에 그런 면도 있는 것 같다.

2.

'카타르시스!' 문학의 정화기능. 절망을 치유하여 희망으로 바꾸는 인생의 윤활유.

나는 어릴 적에 그림 그리기를 좋아하여 학교공부를 마

치고 시골길을 걸어 귀가하다가, 움트는 개버들가지 사이로 펼쳐지는 연녹색 초목 아래, 둔덕이 내리비치는 석양 무렵의 시냇물 소沼가 있는 천변 풍경에 매료되어 붙박인 채 한참을 멍하니 바라본 경우가 있었다. 이에 작심하고 학교를 가지 않아도 되는, 바로 다가온 일요일 아침 일찍이 그림도구를 챙겨가지고 그리로 가서 식음도 폐한 채 한 장의 수채화를 완성하고 나니, 어느덧 해거름 무렵이었었다.

비록 육신의 배는 고팠지만 그 뿌듯했던 정신적 포만감을 지금도 잊을 수가 없다.

시조나 시의 창작도 예외가 아니어서 이 삼독三毒의 유랑길 인생사에서 어려움에 처할 때마다 그들은 말없이 다가와 수없이 나를 구원해 준 것으로 기억된다.

지하철을 타고 갈 때나 산행 중에나 작품을 구상하여 창작하고 퇴고하는 순간만은 적멸의 시간이다. 그 시간은 길이가 없고 엄청난 공간을 다 헤집고 다닐 수 있다. 진공상태에서 마음먹는 대로 상상 덩어리를 어디든 띄울 수 있다. 우주와 한몸이 된다. 사고四苦가 다 스러진다. 블랙홀을 벗어나 화이트홀로 빠져나와 있다. 하얀 백지처럼 죄다 깨끗하다.

그 순간만은 괴로움도 슬픔도 무념의 강물 속에 잠겨버린 채
지그시 눈을 감거나 깜빡깜빡 졸기도 하면서 흐르는 대로
맡길 수밖에

— 졸시 「약손」 부분

3.

시조라 하면 아직도 옛날에 읊조리던 구태의연한 문학 장르의 하나쯤으로 치부하는 사람이 있다. 요즘 사람이 요즘의 모든 사상事象을 대상으로 하여 시조를 창작하는 것은 당당한 요즘의 시일 뿐이다.

일본의 하이쿠[俳句]가 그 나라 정부 당국의 전폭적인 지원 아래 온 국민이 창작에 참여하고 세계화시켜 일본을 대표하는 문학 장르로 자리매김한 것은 차치하고라도, 우리나라를 대표하는 유서 깊은 문학 장르는 당연히 시조가 그 자리를 차지해야 한다는 것을, 몇 해 전 외국의 어느 북페어에서 외국인이 거꾸로 한국의 대표 문학 장르라면 시조가 있지 않으냐고 되물었다는 데서도 짐작할 수 있다(그때 거기 행사에 참여한 한국의 문인 중에 시조시인은 없었던 것으로 알고 있다).

김치나 막걸리가 우리나라를 대표하는 음식의 하나로 여러 나라로 전파되듯이 문학도 가장 한국적 · 토속적인 것이 가장 세계적인 것이 될 수 있다고 말할 수 있다.

그렇다고 해서 시조가 시보다 우월하다는 것은 아니다. 시는 시 나름대로, 시조는 시조 나름대로 멋이 있다. 나는 둘을 다 하고 있다. 하나라도 제대로 하지, 이것도 저것도 아니지 않으냐고 욕먹을 수도 있다. 그렇더라도 현재까지 그렇게 하고 있다. 시조 3장 속에도 얼마든지 온 누리를 다 담을 수 있다. 그러나 시와 시조는 표현방식이 다르다. 그

상황에 적절하다고 생각되는 제대로의 표현을 골라서 각각의 집을 지을 수 있기 때문이다. 둘을 함께 하는 것은 표현과 상호 이해의 폭을 넓혀 미비점을 보완하는 구실도 때로는 한다.

4.

'적막' 은 가장 가까운 나의 글친구다. 적막이 없으면 심금을 울리는, 가슴으로 쓰는 글이 나오지 않는다.

가만히 눈 감으면
적막은 잊고 지낸 자아를 언뜻 되살리는 파란 등불
사위는 늘 파란 등불로 명멸하는 적막의 연속이건만
우리는 그 적막의 존재까지도 까마득히 잊어가면서
세상의 흐름에 실린 객체가 되어
스스로는 늘상 오만한 주인장 행세를 한다

(중략)

늘 함께하는 우리네 친구, 적막이건만
서울의 하늘 아래서
밤에 무수히 도란거리는 별을 잊어버리듯
우리는 까마득히 그를 잊고 산다

(중략)

적막은 곧 사바요 신계요 자연이요
나아가 저 광대무변한 우주의 온몸이다
천지에 가득 찬 영험한 기운, 암흑물질 바로 그것이다

새 생명이 탄생되는 순간
아 — 태식胎息의 세계를 잊어버리듯
우리는 그렇게도 하고많은 친구, 언제 어디서나 만나는 친구
그 오랜 불알친구를 잊고 살아왔다

이제
이 세상에서 맨 처음 만났던 친구
그 적막을 다시 만나자
적막을 다시 만나면 심산유곡 한밤중이라도
형형색색으로 살아가는 소식들이
우레보다도 크게 그대 귓전을 때리리라

(후략)

— 졸시 「우리네 친구, 적막」 부분

적막은 고독 자체를 즐기는 경지, 찬란한 고독과도 상통한다. 마음 바다에 찬란한 고독이 철철 넘칠 때만이 애절하고 애틋하고 극진하고 지순하고 더 이상 아름다울 수 없는 작품이 탄생될 수 있다.

바다는 그 많은 조형기술 중에서도 유독 찬란한 고독 만들기를 좋아한다 파도로 끊임없이 때리는 시련의 담금질이 그의 속성이기 때문이다 시련은 몸서리처지는 고독을 넘어 고독 자체를 즐기는 경지, 즉 찬란한 고독의 지위에 누구든 앉힌다 바다가 낳은 섬은 홀로 남겨진 기러기아빠처럼 고독의 소주를 씹어삼킨다 섬 주변에는 마시다 버린 소주병들이 널브러져 있게 마련이다 섬은 하루에도 몇 번씩 커졌다 작아졌다 하며 고독에 잠기다가 지치면 쓰나미에 삼켜지거나 바다의 심장이 분출하는 마그마에 의해 아예 뭉개지기도 한다 가을 섬숲도 해풍으로 인해 부대끼다 못하여 붉으락푸르락 피멍이 든다 갯벌 제방기슭의 억새꽃, 갈댓잎도 뭐 그리 서러운지 머리채를 산발한 채 사방으로 뒤흔들며 울부짖는다 바람 드센 바다는 아득하여 공제선이 없다 해내천海乃天 바다는 바로 하늘로 이어지고 하늘에는 참수리마저 진종일 홀로 고독을 유영한다 바다는 외로울 때 섬을 낳고 섬은 외로울수록 섬으로 살아갈 수 있다

— 졸시 「바다는 외로울 때 섬을 낳는다」 전문

5.

'봉산蓬蒜문학회'. 1974년 대구에서 유수고교 졸업반 문청학생 십여 명이 모여 만든 문학동아리. 서정주 선생으로부터 동아리 이름을 작명 받고, 그해 겨울 대구YMCA에서 시화전을 연 것이 문학과 인연을 갖게 된 하나의 계기가 아니었나 생각된다. 그때부터 그 멤버들이 신문사의 신춘문예 당선 등으로 문단에 데뷔하기 시작했다. 오정국, 강석하, 문형렬, 오두섭, 유후기, 박명호, 홍영철, 김락기 등이 그들이었다. 그 후 나는 민생고와 목마와 숙녀풍의 겉치레 허무 또는 낭만 속에서 수없이 영·육에 걸친 배고픔에 고독을 씹고 씹으면서 배호의 안개 낀 장춘단공원을 피가 맺히도록 절규하며 질풍노도의 시절을 허송하였다.

뒤늦게 자의 반 타의 반으로 대학에서 법학을 전공하면서 1983년 단대신문 학술·문학상 시조 부문에 작품이 당선된 것이 또한 문학을 첩살이로 두게 된 계제의 하나라 할 것이다. 그때 벼락공부하듯이 제출만기일이 임박하여, 밤을 새워가며 몇 편을 급히 써서 낸 것으로 기억되는데 당선되어 면구스러워했던 것 같다.

다음의 첫 번째 작품은 봉산문학회 당시 시화전에 전시되었던 두 편의 시 중 남아 있는 하나다. 왕대포로 허기를 때우던 당시의 암울함을 뛰어넘으려던 객기가 서려 있다. 두 번째 작품은 단대신문 학술·문학상에 당선된 시조(당시 제목: 추상여한秋想餘恨)를 20여 년에 걸쳐 개작한 것이다.

씀바귀의 가슴으로
별을 희구하여 묵좌했지

땅은 금이 난 놋그릇
팽대한 애드벌룬엔 근접하는 창칼날뿐

그예,
풍물 치며 심장을 짓찔러 와도

무지개로 그네 타듯
하늘을 밟아 서고 말리

— 졸시 「하늘을 밟고 서리」 전문

기다림은 멀고머나 지난날은 다만 빈 뜰
밤 깊어 고적孤寂일랑 달빛 속에 그려놓고
철새여 어디메 가뇨, 꽃이슬은 영그는데

오고감이 다 꿈일러니, 하늬에도 흔들리는
드높은 하늘 어디 벽청빛 낙엽 한 잎
봄바람 다시 불려면 시삼동은 지나얀데

— 졸시조 「만추여한晩秋餘恨」 전문

6.

나는 현대과학보다 더 과학적인 불교의 무한한 깊이에 감사하고 기독교의 신성성神聖性을 존경한다. 어떤 종교든 근원을 향한 그 철저한 진리 추구의 관점에서 보아 터부시 할 수 없고, 때로는 노장사상이랄까, 유정물 무정물이 상통하며 스스로 그러한 상태의 존재론적 관점에서, 때로는 칼 융의 집단 무의식이나 양자역학의 관점에서, 어느 특정교리에 편벽됨이 없이, 필요하면 두루 내 작품의 내용·방향·소재가 될 수 있다. 두두물물, 만휘군상, 온갖 사상이 다 대상이다.

아직까지 나는 내 글에 대해 서양 문학이론을 바탕으로 하여 평하는 것은 보았으나, 동양사상을 바탕으로 하여 평하는 것은 보지 못한 것 같다.

다음은 미물에 해당하는 '쇠비름 씨알'이 보름달의 꿈을 안고 지난한 탄생 과정을 겪는 상황과 지금부터 약 137억 년 전 태초 우주 탄생 당시 빅뱅의 신비를 풀어줄 힉스입자에 관한 작품이다.

서캐보다 더 잘게 맺혀 있는 깜장 씨알들
한가위 보름달을 한 아름씩 태몽하고
늦가뭄 속 안간힘 다해 만삭이 된 피어린 몸줄기
목말라 마르다 못해 억센 잡초마저
타버리는 된비알 돼기밭
노랗게 질린 밥풀만 한 꽃이 피고 진 끝에

모질게도 이어가는 막바지 목숨줄
경건한 미물, 쇠비름 씨알들

— 졸시 「잘디잔 것이 경건하다」 전문

네 진정 뭣이기에 그리도 오래도록
아담부터 대대손손 찾지 못해 안달인지
의단만 켜켜이 쟁여 익어터질 그 맛은

신께서 숨겨놓은 깊은 뜻을 아니 몰라
금단의 영역으로 감히 다시 또 가는 건
아니요, 신성한 인간을 입증코자 하는 뜻

어디서 와설랑은 어디로 가버렸는지
빅뱅을 재현하면 너도 함께 나타나서
우주론 그맛 그뜻을 확 다 풀어 보일까

— 졸시조 「힉스는 지금 어딨는가」 전문

7.

그러면 지금까지 나의 대표작이라고 자신 있게 내세울 수 있는 시나 시조가 있는가? 확언할 수는 없다. 다만 몇몇 작품은 좀 더 애착이 가지 않는 바는 아니다. 그중 하나가

몇 년 전부터 누군가가 인터넷에 실어주어 떠도는 작품인 「모래알 인생」이다. 내 시집과 시조집이 중앙과 지방의 일부 언론사를 통하여 소개되면서 인터넷을 보다가 우연히 발견하였는데, 푸른 바다에 백사장이 길게 펼쳐진 배경그림이 더욱더 그 시조의 품격을 높이고 있다. 나중에 어느 국악카페 사이트의 표제시조로도 활용되고 있었다.

그 작품은 2006년 『공무원연금』지 8월호에 실렸었는데, 나중 발간된 내 시조집 『삼라만상』에 「모새」(‘아주 잔모래’라는 뜻)로 제목을 바꾸어 발표된 바 있다.

모새야 한 톨인들 무심결에 생겼으랴
비바람에 쓸려 밀려 지나온 길 텅 비어도
한 곡절
한 곡절마다
재려하면 잴 수 없네

깨어지고 부서진 게 전부래도 괜찮으이
강변에 반짝이던 호시절이 꽤 있었지
그 누가
이를 일컬어
무상이라 하는가

—졸시조 「모새」 전문

이밖에도 앞에서 언급한 바 있는 「바다는 외로울 때 섬을 낳는다」, 「꽃과 새」, 「삼라만상」 등을 들 수 있다. 이 중 두 편은 내 처녀시집과 시조집의 제목으로 각각 차용되었고, 시조집 『삼라만상』은 2008년 제4회 세계문학상 시조 부문 대상을 받은 작품집이기도 하다. 아울러 다음 작품도 거론하고프다. 하나는 나의 네 번째 작품집인 이 시집의 제목과 서시로 채택된 「고착의 자유이동」이다. 이 시의 첫 구절은 창작 몇 년 뒤에 가필된 것으로서 이로 인해 비로소 이 작품이 안정감을 찾았다고 느꼈다.

가령 그 흔한 나무 하나를 보자

아카시아는 평생을 한곳에서만 살고
솔도 제 땅에서만 지나새나 사는 것은
오월, 새하얀 꽃향기 너울과 진노란 송홧가루를
천지사방 어디든 날릴 수 있기 때문

장좌불와長坐不臥
그 속에 펼쳐지는 기나긴 만행

—졸시 「고착의 자유이동」 전문

다른 하나는 2010년 전통과 권위의 시조전문지인 『시조문학』의 창간 50주년 기념 작품상을 수상한 연작시조이다. 부산에 상당기간 머무를 기회가 있어 몰입된 고뇌 속에서 창작된 그것은 「바다의 심층심리학」이다. 이 시조는 자꾸 읊을수록 좋아지고 삶의 깊이가 느껴진다면서 친지에게 선물을 한다든지 서예작품으로 족자를 만들어 가져온 분도 있었다. 또한 「바다는 외로울 때 섬을 낳는다」와 함께 한국해기사협회 기관지인 월간 『海바라기』에 초대시로 실리는 등 이러저러한 지면을 장식한 바 있다.

바다의 심층심리학

당해론當海論

바다는 인생이다, 오만상이 녹아 있는
삼킬 듯이 몰아치다 쥐죽은 듯 잠잠타가
모든 걸 다 받아설랑 물이 되고 말 뿐이다

뒤섞여 다 녹아서 한 몸으로 합친 도량
밤새워 마주한 채 속속들이 헤집어도
속내는 내놓지 않고 늘 그 모습 그대로다

해수면론海水面論

남청색 해풍에서 갯비린내 묻어올 때
간간한 맛깔 타고 먼 파도의 숨비소리
소금기 끓는 탕 속에 온 삭신이 얼얼하다

늘 그러한 일이기에 오늘 다시 걷는 길이
이대로 그 모두가 우리네의 전부인 줄
해면에 핀 윤슬에도 마냥 속고 말 일이다

천해론淺海論

연근해 물속일랑 적나라한 현실이다
돔과 해삼 멍과 산호 곱디고운 그 모습들
한 꺼풀 또 파고들면 신묘하기 짝이 없다

저 빛고운 뒤안엔들 불안 초조 왜 없으리
축복도 상흔도 다 네 한 마음 먹기 나름
생각은 만리장성을 쌓고도 또 쌓는 것을

심해론深海論

암흑 깊이 깊이에로 해설海雪이 저리 내리고
흡혈어吸血魚 투명어透明魚가 몽환에 잠겨 흐느적적
뿔 달린 괴물상어가 덥석 놈을 덮친다

덮쳐진 본능이나 신유神癒하는 집단무의식
꿈을 통해 풀려나서 예술로도 꽃피운다
칼 융과 프로이드가 원형논쟁 벌인다

심해저론深海底論

미답의 막다른 곳 산 겐가 죽은 겐가
적막 뒤에 오는 해진海震 거참 알 수 없네그려
끝장이 끝이 아닌 걸 미립자微粒子 넌 알리라

불타는 맘을 꺼라 가난한 자 복 있단다
낮은 데로 임할수록 검불마저 비춰지니
예수가 해인삼매중 화엄경을 설한다

퇴해론退海論

해미*를 헤치면서 무작정 저었는데
노는 어딜 가고 배만 절로 나아갔네
한 섬에 다다랐더니 복사꽃이 막 지더라

몰라 헤맨 얄궂음에 여태껏 닿은 곳이
텅텅 빈 허공일 바에 지는 꽃도 눈물겹다
별떨기 죄 품고 있는 바다는 곧 우주란다

* 해미 : 해매(海霾)

8.

〈나의 시세계〉의 타이틀 「땅은 사람을 낳고 사람은 땅을 낳는다」는 2010년 3월 28일 시조문학 영동기행 차 들른 김천 백수문학관에서 우리 시조문단의 살아있는 거목 백수 정완영 선생께서 하신 특강 내용 중 일부를 차용한 것이다. 연치가 망백을 넘기신 분이 설파하신, 약 20분간에 걸친 정갈한 말씀은 어떤 미려한 연설보다도 가슴에 그대로 와 닿았다.

영국은 셰익스피어를 낳고 셰익스피어는 영국을 낳는다, 인도는 타고르를 낳고 타고르는 인도를 낳는다, 중국은 루신을 낳고 루신은 중국을 낳는다. 숫자만 많은 문인보다는 한국을 대표할 수 있는 한 명의 위대한 문성文星이 나와야 한다. 한국 시조는 아직 미성未成의 궁전이다. 시조 45자는 우주보다도 크다. 이 속에 모든 걸 다 표현할 수 있다. 행간 행간에 말을 해야 한다. 퇴고는 몇 년이 걸리더라도 엄정히 해야 한다. 들리는 소리 밖의 소리를 들어야 한다. 북두에서 들리는 매화꽃 터지는 소리를 들어야 한다. 체험에서 우러나와야 한다. 이상은 그날 백수 선생의 말씀 중 들린 부분을 대강 엮어본 것이다.

그래, 목숨이 다하는 그날까지 멋들어진 시나 시조가, 농익어서 절로 터지는 실과처럼 물 흐르듯, 내 머리가 아닌 저 깊은 속가슴에서 툭 터져 흘러나오기를 기대하면서

면 훗날 우주시대의 암각화로 발견되어
밤하늘 한구석 어디
희미한 별자리 인근에서라도
명멸할 수만 있다면 다만 꿈일는지…

— 졸시집 『바다는 외로울 때 섬을 낳는다』의 <시인의 말> 일부와
『고착의 자유이동』의 <자서> 일부 가필

설사 그렇다 해도 쓸 것이다. 추고는 발표하기 전 몇 달 내지 몇 년에 걸쳐서라도 한다. 이미 발표되었더라도 미흡한 부분이 발견되거나 더 적확한 표현이 있다면 다시 퇴고를 할 것이다.

오랫동안 등단하지 않고 재야의 김삿갓(나의 별명의 하나)으로 남을 것을 이미 포기한 이상, 불잉걸처럼 뜨거운 가슴으로 짓고 또 지을 것이다. 비록 살아생전 내세울 수 있는 대표작을 낳지 못할지라도 속울림을 토할 것이다.

부끄러울 뿐, 정완영 선생은 지금도 하루 11시간을 창작에 매달리신다는데, 밥벌이를 핑계로 이렇게 심신이 게을러터져서야 어찌 마음에 드는 작품이 나올 수 있으랴? 애석하도다!

문학세계대표작가선 653

고착의 자유이동

산강 시집 제4작품집

인쇄 1판 1쇄 2012년 4월 20일
발행 1판 1쇄 2012년 4월 28일

지 은 이 : 산강 김락기
펴 낸 이 : 金天雨
펴 낸 곳 : (주)천우미디어그룹 / 도서출판 天雨
등 록 : 1992. 2. 15. 제1-1307호
주 소 : 서울시 성동구 무학봉 28길 6(하왕십리동 966-23) 금용빌딩 2층
전 화 : 02)2298-7661
팩 스 : 02)2298-7665
http://www.moonhaknet.com
E-mail : ing@moonhaknet.com

값 8,000원

ISBN 978-89-7954-504-3